JN101922

地域旅行ビジネス論

Destination-based Tourism Business

KOBAYASHI Hirokazu

小林裕和

著

晃洋書房

はじめに

　人は旅に出ることをやめない．たとえ何かの理由で一時的にそれが無理だったとしても，必ずなにか方法を見出し，人は再び旅に出る．旅に関わる人々のニーズを満たし，価値を創造するのが旅行ビジネスである．

　19世紀半ば，英国で誕生した鉄道の発展に寄り添うようにして，近代的な旅行ビジネスは生まれた．旅行ビジネスは，消費者と，旅行に必要な要素である移動手段や宿泊サービスを提供するビジネスの間に立って，サービスを媒介する「インターミディアリー」の役割を果たす．インターミディアリーとは，ラテン語の intermedius が語源とされ，〈二つのものの間に存在する〉という意味である．このインターミディアリーが，観光地域の発展に欠かせない存在になっていくだろう，ということが本書の関心である．

　旅をすれば，時と場所が，うつろいかわる．つまり，家を出て，観光し，また家に戻るという行為は，時間に沿って連続的に行われ，空間的な移動を伴う．旅行ビジネスの〈二つのものの間に存在する〉という特徴は，この時間的・空間的側面の2方向から提供価値をもたらした．つまり，旅行ビジネスは，旅の要素である交通機関や宿泊施設などを利用する権利（＝予約）を消費者のために事前にアレンジする（「時間的」）．そして消費者に近いところでビジネスを行うことによって，離れた場所で提供される旅の要素を消費者に対して提供する（「空間的」）．

　旅行ビジネスが，旅が始まる前に旅の要素を提供するという時間的な提供価値を持つことはいまも変わらない．しかし，もう一つの空間的な提供価値は，情報技術の発展によって，その意味が大きく変わろうとしている．その一つがオンライン旅行会社の出現である．インターネットによる航空，宿泊予約など，旅行サービスを提供するために，地理的に消費者に近い場所にビジネスの拠点

ii

を構える必要はなくなった．そしてもう一つが，観光地側に拠点を置くこと自体に優位性を持つ旅行ビジネスが生まれてきたことである．それが，本書が焦点を当てる「地域旅行ビジネス」である．地域旅行ビジネスは，観光地域の関係者と共に，その活動を通じて，地域の発展にとって欠かせない，地域の一員としての役割を担う．そのことを明らかにすることが，この本のねらいである．

　本書は，2022年9月に北海道大学に受理された博士学位論文「地域における旅行サービスビジネスの役割に関する包括的理解とその枠組みについて」をもとにしている．第3章，第4章，第5章は，既発表の論文に加筆修正を行い執筆した（初出一覧参照）．学術書ではあるが，観光・旅行の実務に携わる関係者にとってなじみのある用語を使用するなど，実務家にもわかりやすい内容になっているはずである．また，業界の発展史や用語の整理なども参考になるかもしれない．実務的には関係のない学術的な内容の部分などは（たとえば第2章の先行研究に関する記述など），読み飛ばしてもらっても差し支えない．もちろん，実務家に学術的な記述部分をお読みいただくことで，本書をきっかけにしてお互いをより高め合う議論につなげていくことができれば，筆者にとって望外の喜びである．

　なお，巻末に，本書執筆の構想の大きなきっかけとなった査読論文「旅行業における商品イノベーションを引き起こす旅行商品の特性について」を掲載した（Appendix 3）．この論文は，北海道大学大学院国際広報メディア・観光学院が発行する学術研究誌『国際広報メディア・観光学ジャーナル』（2010年，No.10）に投稿し受理されたものである．旅行ビジネスには，その商品特性を分析的に詳細に把握することによりイノベーションの可能性が十分にある．併せてご笑覧いただければ幸いである．

　本書の事例研究は，相模女子大学2020（令和2）年度特定研究助成費（A），および相模女子大学2021（令和3）年度特定研究助成費（A）により行うことができた．

　本書は，「令和5年度國學院大學出版助成（甲）」の助成により上梓したことを付記しておく．

目　　次

図表リスト

略語一覧

ADMEI Association of Destination Management Executives International
デスティネーション・マネジメント・エグゼクティブ協会：
DMC の業界組織

CBT Community-based Tourism
コミュニティ・ベースド・ツーリズム

DMC Destination Management Company
デスティネーション・マネジメント・カンパニー

DMO Destination Management/Marketing Organization
デスティネーション・マネジメント／マーケティング・オーガニ
ゼーション／観光地域づくり法人

DTB Destination-based Tourism Business
地域旅行ビジネス

ICCA International Congress and Convention Association
インターナショナル・コングレス・アンド・コンベンション・アソ
シエーション：国際会議の専門家団体

ITO Incoming Tour Operator
インカミング・ツアーオペレーター

LO Land Operator
ランドオペレーター

MICE Meeting, Incentive tour, Convention/Conference, Exhibition を総称
する造語

MPI Meeting Professionals International
ミーティング・プロフェッショナル・インターナショナル：
ミーティングビジネスの専門家団体

OCVB Okinawa Convention & Visitors Bureau
一般財団法人沖縄観光コンベンションビューロー

OTA　　Online Travel Agency
　　　　オンライン旅行会社

OTOA　OVERSEAS TOUR OPERATORS ASSOCIATION of JAPAN
　　　　一般社団法人日本海外ツアーオペレーター協会

PCO　　Professional Congress Organizer
　　　　プロフェッショナル・コングレス・オーガナイザー

PEO　　Professional Exhibition Organizer
　　　　プロフェッショナル・エキジビション・オーガナイザー

SIT　　Special Interest Tour
　　　　スペシャル・インタレスト・ツアー

SITE　　Society for Incentive Travel Excellence
　　　　ソサイエティ・フォア・インセンティブ・トラベル・エクセレンス：
　　　　インセンティブツアーの専門家団体

TA　　　Travel Agency
　　　　トラベルエージェンシー

TO　　　Tour Operator
　　　　ツアーオペレーター

WTTC　World Travel & Tourism Council
　　　　世界旅行ツーリズム協議会

第 1 章

地域旅行ビジネスの時代

　本書は，旅行目的地である地域を事業活動の拠点として旅行サービスを提供するビジネスを扱う研究である．本章では，そのようなビジネスを研究対象とする本書が，社会的な背景とどう結びつくのかを述べる．続く第 2 章では，観光研究における本書の学術的な背景について論述する．

📍 1.1　なぜ「地域旅行ビジネス」に注目するのか

1.1.1　観光立国の実現に向けた観光産業と地域との連携の課題
——新しいタイプの経験価値——

　世界中で観光が国や地域の発展に貢献するとしてすすめられ，その担い手としての産業の役割と貢献が期待されている．世界旅行ツーリズム協議会（World Travel & Tourism Council または WTTC）によれば，観光業界はコロナ禍以前の2019年には世界の全雇用者数の10.6％にあたる 3 億3400万人を雇用し，世界の GDP の10.4％，9.2兆米ドルを観光業界で生み出していた．また，2014年から2019年の間に新しく創出された雇用のうち 4 分の 1 が観光業界によるものだったという（WTTC 2021, p. 5）．

　日本では観光産業について観光立国推進基本法の基本理念（第二条第 4 項）に以下のとおり述べられている．

> 　　観光立国の実現に関する施策を講ずるに当たっては，観光産業が，多様な事業の分野における特色ある事業活動から構成され，多様な就業の機会を提供すること等により我が国及び地域の経済社会において重要な役割を担っていることにかんがみ，国，地方公共団体，住民，事業者等による相互の連携が確保されるよう配慮されなければならない（国土交通省 2007年）．

　ここでは観光産業が，多様な事業から成り立ち，地域の雇用創出等に重要な役割を担っていること，そして観光産業が地域社会と十分に連携をとって観光

を進めることの必要性がうたわれている．このことは観光産業の重要性はもちろんのこと，観光産業が地域社会とともにあることに力点が置かれている，と理解できる．たとえば，一般的に観光はその経済的な効果から観光産業の問題であるという従来の認識から，観光産業だけでなく行政も含めて全体が一体となるべきで，観光は日本の経済を支える一つのエンジンであるという認識に変化している（西村 2016, p.7）．また，観光をエンジンとするまちづくりを進める際にも，観光開発・振興が民間の金儲けのためでのものではなく，公益ミッション遂行に貢献する「公益事業」である，という社会的認知が必要であるとも指摘されている（西山 2017, p.1）．それでは，観光立国を実現するため，あるいは観光をエンジンとしたまちづくりを進めるうえで，観光産業と地域側の関係者との連携という面において，今までの進め方に課題はないのだろうか．

　実際，地域においては住民や NPO 法人など，企業以外の関係者によって観光の経験を提供するための取り組みが進められている．たとえば伝統工芸の和紙づくりを職人の説明を聞きながら行う体験や，市民が行うガイドが同行するウォーキングツアーなどである．これらは地域の住民が主体となってその地域に眠る歴史や文化，自然を掘り起こす活動から生まれ，「地元学」やエコツーリズムにおける「宝探し」などと呼ばれ今や全国各地で行われている．そして，掘り起こされた資源は持続的な形で活用され，その価値は地域住民が行うガイド等の人的なコミュニケーションにより観光中の経験として観光客へ提供される．このように地域の人的なネットワークや関係性のなかで創造され，彼らの手によって消費者に提供される観光の経験を，観光関連の企業により提供されるサービスの経験とは区別し，本書では「社会関係性の経験」と呼ぶこととする．

　社会関係性の経験は観光客に対して「経験価値」を提供する．経験価値とは，「過去に起こった個人の経験や体験のことを指すのではなく，顧客が企業やブランドとの接点において，実際に肌で何かを感じたり，感動したりすることにより，顧客の感性や感覚に訴えかける価値のこと」（長沢 2006, p.16）とされ，

画一的な商品サービスを消費することとは異なる．観光におきかえれば，旅行者にとっての「価値」の評価基準が「何を見たか」だけではなく，「資源」を経験・体験したときに「何を感じたか」という旅行者自身の経験・体験を通じての快楽や感動に力点が置かれることである（森重・清水 2008, p. 86）．地域の社会関係性から地域独自の資源を発掘・活用したり地域住民と交流したりすることなどを通じて経験価値が提供される．画一的なサービスに慣れ，独自の観光経験を求める観光客の満足度を高める可能性を，社会関係性の経験は十分に持っている．

1.1.2　観光システムと観光流通チャネル

しかしそのような社会関係性の経験が観光の価値を高めるとして，その経験はどのようにして消費者に届き，購買されるのか，ということを考える必要がある．そのためには観光における流通経路（チャネル）についての検討が必要となる．

生産者と消費者をつなぐ流通チャネルの重要性を指摘し，システムの視点から流通チャネルの機能の重要性とその変革の必要性を主張したのは経営学者の林周二であった[1]．林はメーカー（M）とユーザー（U）の中間にあってモノ，サービス，カネ，情報などを M から U へ，また U から M へと伝達し，かつ市場を開拓するのは，流通チャネルの機能であるとした（林 1962, p. 73）．

観光研究分野において観光をシステムの視点から初めて論じたのは Leiper (1979) および Mill and Morison (1985) である（McKercher and Prideaux 2000, p. 46）．Leiper の観光システム論では，観光システムの要素は旅行者，旅行出発地，旅行目的地，旅行出発地と旅行目的地を結ぶ交通ルートそして旅行産業から構成されるとした．それは地理的な視点に焦点を当てて考察されたものであり，特に旅行出発地（発地）と旅行目的地（着地）を結ぶルートについては，消費者が地理的に移動するという行動面から見たモデルであった[2]．

観光システム論が観光を構成する要素とそれらの関係性，そしてそれらを含

んだ全体から観光を解釈しようとすることに対して，システム論的に構成要素を取り上げながら，発地と着地を結ぶチャネル（経路）に焦点をあてたのが，観光における流通チャネルに関する研究＝観光流通チャネル論である．

　観光における流通チャネル（以下，「観光流通チャネル」と記載する）は，消費者と生産者（観光のサービスの提供者＝サプライヤー），そしてその間を結ぶ役割を担うインターミディアリー（intermediaries）から構成される．インターミディアリーには３つの主なカテゴリーがある（Jafari（eds）2000, p. 157）．ツアーオペレーター（TO），トラベルエージェント（TA），そしてビジネス目的の旅行を取り扱う特定チャネルである．TO の主な業務はパッケージ旅行を企画し販売する．TA は同様に消費者に対して旅行に関する情報提供やパッケージ旅行，交通のチケットなどを販売する．日本では一般的に TO と TA の機能を合わせて旅行会社と呼ばれる．特定チャネルは主にインセンティブハウスやミーティングプランナーと呼ばれるビジネス[3]を指しており，前者はインセンティブ（報奨）旅行，後者は企業が主催する会議を企画運営することを主な業務としている．特定チャネルについての詳細は2.3節で述べる．

　観光流通チャネルは一般的に製品が生産者から消費者に届けられる物流の流通チャネルから概念を借りて説明されているが，観光の流通と製品の流通とでは大きく異なる点がある．それは製品の流通の場合には製品が消費者のもとに流通チャネルを経由して届けられるが，サービスは観光地で提供されサービスを物理的に移動することはできない．したがって移動するのは製品ではなく，消費者である．消費者に届けられるのは製品ではなく販促物や観光で提供されるサービスの情報である（Lumsdon 1997, p. 186）．

　一方，昨今は一般的に情報技術が社会に与える影響についての関心が高まっているが，学術分野においてもインターネット等の発展が流通チャネルに与える影響について多くの関心がもたれており，それは観光流通チャネルについても同様である．たとえば，コンピューターによる予約システム（Computer Reservation Systems（CRS））の出現やインターネット専門の旅行会社（オンライン旅

行会社，Online Travel Agencies（OTA））など新たなタイプのインターミディア
リーが現れ，それらが流通チャネルに介在することにより以前よりもさらに多
くのチャネルのパタンが同時に存在するようになった（Kracht and Wang 2010）．
しかし情報技術が発展しても，観光地域のサプライヤーと消費者の間に立って
観光の情報を届けるという，新旧のインターミディアリーが果たす観光流通
チャネル上の役割は変わっていない．

　以上のような観光システム論，そして観光流通システム論を踏まえて，社会
関係性の経験を消費者に届ける方法を考えると，インターミディアリーの力を
借りることは合理的な選択のように思える．ましてや社会関係性の提供者であ
る地域の住民や団体は，宿泊業や飲食業のようなサプライヤーと違って，通常
は社会関係性の経験を提供することをビジネスとしていない．つまり地域住民
や団体は継続的な営利活動として社会関係性の経験の提供を行っているわけで
はない．言い換えれば，彼らは基本的には消費者を相手とする観光事業を専業
とはしていないし観光マーケティングの専門家でもない．また，そもそもその
ようなマーケティングのノウハウを身に着け実践することはそれほど簡単なこ
とではない．情報技術が発達したからと言って，消費者に直接販売できると
いった恩恵を簡単に受けられるかどうかはわからない．したがって，社会関係
性の経験を商品として消費者に届けるためには，マーケティングの専門性を
もって経験価値を商品として消費者に提供することを代わりに担うことができ
るパートナーとしてのインターミディアリーが必要となるということを前提と
して本研究を進めた．

1.1.3　誰が社会関係性の経験を消費者に届けるのか

　このようにインターミディアリーが社会関係性の経験を消費者に提供するた
めに必要なものだと仮定したとき，次に異なるタイプのビジネス主体が存在す
るインターミディアリーの中で，どのビジネス主体が社会関係性の経験を消費
者に届ける役割を果たすのかが課題となる．林（1962）は流通チャネルという

システムには"形"だけ存しても"機能"のほとんどを失っているものがあり，チャネルの失われた機能を回復すること，あるいはチャネルに新たな"機能"を付与することの必要性を述べている．この指摘を踏まえれば，観光流通チャネルにおいては，地域の人的なネットワークや関係性から創造される観光の経験を消費者に提供するために，従来の観光のサービス財を消費者に届けるインターミディアリーの既存の機能をどこまで活用できるのか，新たな機能を検討することが必要ではないか，ということが論考すべき課題として認識できる．

　既存の観光流通チャネルの視点では，地域の観光サービス財を商品として仕立て市場に届ける役割を果たしてきたインターミディアリーは TO であった．しかし地域の新しいサービス財としての社会関係性の経験を，TO が商品化し流通チャネルとしての役割を担うことは残念ながら難しいだろう．それは以下の理由による．すなわち，発地の従来の TO は一般的に観光地域から離れた旅行出発地（発地）に拠点を置き消費者に近い場所でビジネスを行い，多くの地域の旅行商品を取り扱っている．一つの地域の中で住民との人的ネットワークを作るだけでも簡単ではないが，距離が離れた地域，かつ多数の地域を扱う TO が，地域における人間関係を含めた社会関係性を築くことは容易ではないことは想像できる．そして社会関係性を築けないということは，社会関係性を持った地域のメンバーにはなれないことを意味している．繰り返しになるが社会関係性の経験は，地域の人的なネットワークや関係性のなかでのみ創造される．そこには地域のメンバーが主体となって地域の資源を掘り起こす作業を伴う．地域から地理的に離れ，地域の人的ネットワーク内のメンバーにもなっていない TO が社会関係性の経験を商品として活用することは難しい．それは地域が主導し地域を拠点として観光事業を進める「着地型観光」[5]の優位性を考えてみてもわかる（尾家・金井編 2008；大社 2008；米田 2015など）．

　そこで今のところ，観光地域づくり法人（DMO）が着地型観光を推進する役割を担うものとして，着地型旅行商品の企画や販売をすることが期待されている．しかし DMO は本来「地域の『稼ぐ力』を引き出すとともに地域への誇り

と愛着を醸成する『観光地経営』の視点に立った観光地域づくりの舵取り役」
である（観光庁 2022a）．旅行ビジネスの専門性や経営ノウハウを獲得し，競争
優位性を生み出し，高い生産性をもって着地型観光をビジネスとして戦略的に
進めることは，一企業にとってもそれほど簡単なことではない．上記のとおり
DMO の組織のミッションは，着地型旅行商品の企画や販売といったビジネス
ではないなかで，DMO が自らの組織の経営資源を活用して着地型観光を進め
ることはどの程度求められているのだろうか．

　仮に DMO を唯一の処方箋とするのではなく，地域において社会関係性の経
験を活用した旅行商品サービスを企画・販売する旅行ビジネスが存在すれば，
DMO は地域における産業振興・育成の視点からそのビジネスを支援する役割
にまわることもできる．そこで改めて地域における「企業」の役割に視点を置
いてみる．人口密度の低い地方ほど，商店街の衰退や，働き手・働く場所の不
足，地場産業の衰退などの課題に直面している．地域の持続性を確保する観点
からもそのような課題解決に向けた取り組みが必要であり，地域の小規模事業
者にはこうした地域課題の解決に当たって中心的な役割を担うことが期待され
ている（中小企業庁編 2021, p. 148）．そこで地域を拠点とした旅行サービスビジ
ネスを，幅広く地域の関係者と協業することができる産業領域として期待，育
成し，そのような産業領域における企業を，観光地域の持続可能な発展を地域
で共に推進する一員として迎え入れてみることはできないだろうか．具体的に
は，地域を事業活動の拠点とする旅行サービスビジネスが地域の関係者と一緒
になって地域の資源を掘り起こし，観光客に新しい観光の経験価値を提供する
役割を果たす．その際に，そのようなビジネスを担う個別の旅行サービス企業
はその活動を通じて地域の発展に貢献し，地域を“アップデート”していくプ
レイヤーの一員となる．

1.1.4 本書の目的
——地域旅行ビジネスの視点から——

折しも，昨今東京圏では地方への移住の関心も高まっており（内閣府 2020），また政府は地方創生政策の中で地方における起業の支援を積極的に行っている[6]．さらに，ある調査結果では地域に移住する際に重視されるのは生活が維持できる仕事（収入）があることとされている（総務省 2018, p. 21）．地域における観光分野の起業機会の機運を高め，地域において観光客を受け入れる旅行会社あるいはツアーオペレーターといった旅行サービスビジネスが新たに生まれることにより，地域における雇用の受け皿ともなりうる．

そこで改めて観光の流通チャネルを見る視点を，あえて旅行会社を中心とする旅行出発地（発地）から旅行目的地（着地）に移してみる．そして地域の持続可能な発展に貢献するプレイヤーとして社会関係性の経験を商品として仕立て消費者に提供するビジネスの重要性と可能性に光をあてる．それによって地域の力を引き出し活用する旅行サービスビジネスの存在を浮き彫りにできるのではないだろうか．そこで本書ではそのような「観光地としての地域を拠点として，その地域を訪れる旅行客に対して旅行サービスを提供するビジネス」を総称して「地域旅行ビジネス」または「Destination-based Tourism Business (DTB)」と名付け，本研究の主要分析対象とする．そこには地域を拠点として旅行サービスを提供しているインカミング・ツアーオペレーター，デスティネーション・マネジメント・カンパニー，ランドオペレーターが含まれるがその詳細については，本書を通じて明らかにする．

以上のような背景と問題の所在を踏まえ，本書の目的は，地域旅行ビジネスに焦点を当て，現在さまざまに展開されている地域旅行ビジネスの発展過程を明らかにすることでその概念を整理し，地域の観光の発展における地域旅行ビジネスの貢献と役割を包括的に理解するための枠組みを提示することである．

また本書の意義は，そうした一連の考察により，DMO が行う観光地マネジメントがカバーする業務範囲と地域旅行ビジネスの業務範囲との相対的な差異

を明確にでき，それをもって観光地マネジメントのあり方への示唆とすること
とする．

　以上の研究目的を明らかにするための課題を次のとおり設定し，各章におい
て考察を進める．

(1)地域旅行ビジネスの発展過程を明らかにする．現在地域旅行ビジネスには
　さまざまな業種が存在しており，レジャー分野の旅行を主に扱うランドオ
　ペレーター（LO）やインカミング・ツアーオペレーター（ITO）など，そ
　してビジネス旅行分野を扱うデスティネーション・マネジメント・カンパ
　ニー（DMC）などさまざまな用語で呼ばれている．それらは歴史的にどの
　ように発展してきたもので，それぞれは何が異なるのかを解明すること．
(2)観光の発展に果たしうる地域旅行ビジネスの役割と貢献は何であり，それ
　らは地域の視点からどのように理解しうるのかを解明すること．

📍 1.2　研究の方法

　地域旅行ビジネスはインターミディアリーとしてこれまで観光の流通チャネ
ルの一端を担ってきた中で，地域側を活動拠点とすることにより地域とはさま
ざまなかたちで関わっており，その関わり方は時代とともに変化してきた．そ
のことが現在地域旅行ビジネスの中にさまざまなタイプのビジネスが存在する
要因の一つとなっていると考えられる．したがって，まず観光流通チャネルの
中で地域旅行ビジネスがどのように位置づけられているか先行研究から明確に
する．そのうえで地域旅行ビジネスと地域との関係性を通時的な視点を用いて
紐解いていく．地域旅行ビジネスを時間軸の中に置いて相対化することにより
現在の理解の枠組みから脱することができると考えるからである．具体的には，
地域旅行ビジネスが現在さまざまな用語や方法で使用されていることに対して，
史料を活用して地域旅行ビジネスの発展史を記述する．そして地域旅行ビジネ

スをその発展過程の中に置き現在の状況から距離をとることによって地域旅行ビジネスの概念整理を行う.

　次に地域旅行ビジネスの貢献と役割について地域の視点から理解するための手法として事例研究を用いる. 事例研究は社会現象に対して「どのようにして」という問いに答えるための研究手法として採用され (Yin 2018, p. 4), 先行研究が存在するトピックに対してそこに新鮮な視角を提供するための手法とされる (佐藤 2015, p. 16) ことから, 地域旅行ビジネスがどのようにしてその役割を果たしているかをこれまでと違う視点で解釈し描き出すために適していると考える.

　事例研究で対象とする旅行ビジネスの領域として, レジャーを目的とする旅行とビジネス目的の旅行とに分けて取り上げる. 旅行ビジネスが提供する商品サービスの提供価値は旅行の目的によって異なるため, 両分野を論考することにより地域旅行ビジネスの役割を網羅的に把握できると考えたからである. そしてそれぞれの対象として取り上げる旅行ビジネス領域の企業の創業者に対して半構造化インタビューを行う. 半構造化インタビューは, 質問紙によるインタビューのようにあらかじめ決められた質問を与えて順番に回答をしてもらう方法ではなく, インタビュイーに開放的に自由に回答をしてもらう (Flick 1995 ＝小田監訳 2002, p. 117). それによって創業者の起業の想いや事業のミッションを浮き彫りにでき, 地域旅行ビジネスが地域において目指していることの本質に迫ることができると考える. また, 創業の主旨を明確にすることを通じて地域を拠点とすることのビジネスにおける意味を明確にできると考えた.

　具体的な事例として, 地域旅行ビジネスの中でもレジャー目的の旅行を扱う ITO とビジネス目的の旅行を扱う DMC を研究対象とした. ITO として島根県隠岐郡隠岐の島町を拠点とする隠岐旅工舎を, DMC として沖縄県那覇市に拠点を置く株式会社 DMC 沖縄を, それぞれ第 4 章, 第 5 章にて取り上げる. 隠岐旅工舎を ITO の事例として選んだ理由は, 拠点が島にあることにより発地と着地を地理的に明確に分けることができ, 着地で観光客を相手にするビジ

ネスとして，発地で旅行商品を販売するビジネスとは区別することで，その性質が明確になると考えたからである．一方，株式会社DMC沖縄を事例として選んだ理由は，ITOの事例と同様，沖縄は島であり着地におけるビジネスが明確になると考えたからである．加えて，株式会社DMC沖縄は社名に「DMC」を冠して創業しており，創業者がDMCをビジネスとした意図を比較的明確に浮き彫りにできると考えた．

　以上のような手法により得られた結果を踏まえて最後に総合的に考察することにより地域旅行ビジネスを包括的に理解し，理解の枠組みを提示する．具体的な研究対象と研究手法の詳細については事例研究を取り上げる各章においてあらためて述べることとする．

📍 1.3　地域旅行ビジネスの概念と本書における用語の定義

　ここで本書を通して使用する用語について整理をする．観光客は観光地においてさまざま観光の活動を行う．たとえば宿泊をしたり交通機関を利用したり，観光施設に入場したりガイドツアーに参加したりする．このような観光の経験を構成する要素となる一つ一つの商品サービスのことを「旅行素材」と呼び，旅行素材を観光客に提供する事業者や個人を「供給者（サプライヤー）」と呼ぶ．また，そのような旅行素材を複数組み合わせて一つの商品サービスとして観光客に提供するビジネスを「旅行サービスビジネス（事業）」，旅行サービスビジネスを営む企業を「旅行サービス企業」と呼ぶこととする．

　日本では，旅行素材を組み合わせて一つのツアー商品とするビジネスを旅行業，そして旅行業を営む企業のことを一般的には「旅行会社」と称している．しかし，本書で旅行業や旅行会社ではなく「旅行サービスビジネス」や「旅行サービス企業」という用語を区別して使用する理由は以下の2点である．

　まず日本では「旅行業法」において「旅行業」は厳密に定義されており，その定義に沿って，宿泊を代理で販売したり，交通機関とそれ以外の旅行素材を[7)]

組み合わせたりというビジネスをする企業を旅行会社と呼ぶことが多い[8]．しかし本書で使用する「旅行サービスビジネス」では，組み合わせる旅行素材としては宿泊施設や交通機関の有無は問わない．たとえば伝統工芸の体験や自然体験とガイド案内を組みあせたエコツアーや，自転車にのってガイドと一緒に田園地帯をめぐりその途中で飲食店に立ち寄りランチを一緒に食べるツアーなど，旅行業法で定められた旅行会社の業務の外のりとなるツアーもある．二つ目の理由として，一般的に「旅行会社」というとき，暗黙裡に旅行出発地を拠点としている会社を指している場合があるためである．これは着地型観光を論じる際などに時々みられる．それは「着地」型観光という概念が，「発地」の旅行会社の限界から生じているという経緯があったため，旅行会社＝発地に拠点を置く，という理解がされていると想定する[9]．

　これらを踏まえて，先に述べたとおり，本書では旅行の目的地となる地域を事業の拠点として，旅行素材を組み合わせて一つの商品として消費者（＝観光客）に提供するビジネスを「地域旅行ビジネス」または「Destination-based Tourism Business」（DTB）」と定義して使用する．繰り返しになるが，地域旅行ビジネスは地域を拠点とする旅行サービスビジネスを総称して定義しているので，ITO や LO，DMC はその概念の中に含まれる．

　なお，日本語の「観光」はレジャー目的の旅行のニュアンスを含んで使用されることが多いが，本書では英語の「Tourism」と同義で用いる．ただし表現を統一するためカタカナの「ツーリズム」は用いない．

　また，旅行先となる地域については一般的には「観光地」を使用するが，旅行出発地との対比を意図して用いる場合には「着地」，英語の Destination の意味と同様に観光の行き先という意味を意図して含める場合に「旅行目的地」，そして地域側の視点を含める場合には「観光地域」を使用する．

　旅行の出発地については「着地」と対比して使用する際には「発地」を用いる．「旅行出発地」とすることもあるが意味は同じである．

　最後に，ビジネス旅行分野で使用される「MICE」は，観光庁（2021）の定

義に従い「企業等の会議（Meeting），企業等の行う報奨・研修旅行（Incentive Travel），国際機関・団体，学会等が行う国際会議（Convention），展示会・見本市，イベント（Exhibition/Event）の頭文字のことであり，多くの集客交流が見込まれるビジネスイベントなどの総称」とする．

このほかの用語について，旅行会社，ランドオペレーターなど研究対象となるものについては，第3章において検討し定義することとする．

📍 1.4　本書の構成

本書は7つの章立てから構成されている．まず序論としての第1章，第2章，本論として第3章，第4章，第5章，そして総合考察として第6章，最後に第7章を結論とする．

まず本章（第1章）では本書が取り上げる地域旅行ビジネスがどのような社会的背景とどう結びついているのかを示し，本研究の目的と意義を述べた．続く第2章では研究対象である地域旅行ビジネスの学術的な位置づけについて，先行研究のレビューにより明確にする．

第3章では，地域旅行ビジネスの発展過程を通時的な視点から明らかにし，そのことを通じて，地域旅行ビジネスの概念を明確にする．

第4章ではレジャーを目的とした旅行を取り扱う地域旅行ビジネスであるITOについて事例を取り上げ，着地型観光の文脈において論述する．まず着地型観光の目的となる要素を明確にする．続いてITOが着地型観光の実現と発展に果たす役割について明らかにし，最後に着地型観光をITOの役割を含めて再解釈し提起することとする．

続いて第5章ではビジネス旅行分野を取り扱う地域旅行ビジネスであるDMCを事例として取り上げる．日本におけるDMCの事業実態を確認し把握することと，そしてDMCが，MICE開催地の価値を高めるための取り組みの過程を通じて，観光地域の発展に果たす役割と貢献について明らかにする．

　第6章では，第2章から第5章の結果を受けて地域旅行ビジネスを包括的に理解するための役割について総合的な考察を行い，本書の結論を導く．そして観光地マネジメントにおける DMO と地域旅行ビジネスの役割分担についての提案も行う．

　第7章では，各章における結論および本書の結論をまとめる．最後に本書では明らかにできなかった研究課題について，そして地域旅行ビジネスの研究についての今後の展望を述べる．

注

1 ）林はシステムを次のとおり定義している．「およそ事物には，必ず"形態（かたち）"とともに"機能（はたらき）"があ」り，「事物を"形態"と"機能"との両面において把握し，一つの纏まった全体として眺めたとき私たちはこれを系またはシステムとよぶ」（林 1962, pp. 61-62）．

2 ）Leiper はこの論考が地理的な視点に焦点を当てすぎたとして，のちに，システムの構成要素は変わらないものの，旅行者自身とそのニーズを満たす産業の，社会的な要素を取り入れた新しいモデルを提示している（Leiper 1992）．

3 ）インセンティブハウスとはインセンティブ（報奨）旅行を専門に扱う旅行サービス企業のことを指す．ミーティングプランナーとは企業において社内の各部署からの要望に応じて各種会議を計画する役割を果たす企業や個人を指す（浅井 2015, pp. 26-27）．

4 ）ここで述べる「商品」とは旅行商品やパッケージツアーを指すのではなく，観光における経験を総称して使用している．観光の商品論については拙論で論じた（小林裕和 2010）．

5 ）着地型観光の目的と定義については，第4章4.2節にて論述する．

6 ）まち・ひと・しごと創生本部（2021）では，地方への移住・定着の推進の政策中で，UIJ ターンによる起業・就業者の創出や，地方への移住・地方での起業の推進などの政策を取り上げている．

7 ）「旅行業」は旅行業法「第二条（定義）」にて定義されている．Appendix 1 を参照のこと．

8 ）日本標準産業分類から見た事業区分においても，「運送又は宿泊等のサービスの提供について，提供者又は旅行者のいずれか一方を代理して契約を締結する等の行為を行う事業所をいう．」（細分類番号7911）とされている．

9 ）ただし，たとえば地域の観光資源の活用を促進することを目的に2012年に創設された「地域限定旅行業者」は，観光地において着地型旅行商品を提供することが想定され

ており，厳密には「旅行会社」は発地に拠点を置いていることを前提として使用される用語ではない．

第 2 章

先行研究レビューと本研究の位置づけ

⚲ 2.1　先行研究のレビュー手法

　本章では，地域旅行ビジネスの観光研究における学術的な位置づけを，関連する先行研究のレビューを通じて明らかにする．

　地域旅行ビジネスに関する研究は独立した研究分野としてはまだ確立していないため，以下のような 2 つのアプローチから他の研究との違いと本研究の意義を確認する．

　まず 2 つのアプローチの前提として，観光が持つ「発着」の空間構造における地域旅行ビジネスの立ち位置を明確にしたうえで（2.2節），1 番目のアプローチは観光流通チャネル論からのアプローチ（2.3節）である．まず観光流通チャネル論を概観し（2.3.1項），次に観光流通チャネルにおけるインターミディアリーとしての地域旅行ビジネスの扱いを確認する（2.3.2項）．さらに日本の観光研究における地域旅行ビジネスの扱いを述べる（2.4節）．

　2 番目は観光地側の視点からのアプローチ（2.5節）によるレビューである．ただし，観光地側からの視点を用いた研究は異なるいくつかの研究手法により行われているため，それぞれについて論考する．

　最後に，2.6節では以上の論考のまとめを行い，本書の学術的な特徴と意義を述べる．

⚲ 2.2　観光における「発着」の空間構造と旅行サービスビジネス

　第 1 章において観光立国推進基本法の基本理念に見たとおり，観光産業は多様な事業分野から構成されている．旅行者が受け取る観光のサービス財は観光地で発生し（「不可分性」），ストックができない（「消滅性」）無形の財（「無形性」）である（Kotler, Bowen and Makens 1999, pp. 42-43）．したがって消費者は観光をするためには，（オンラインによるバーチャルな旅行は別として）出発地から観光地に

地理的に移動しなければならない．第1章で示したとおり，それによって観光は出発地（発地）と目的地（着地）という地理的に離れた要素から構成されることになる（Leiper 1979）．そこで発地と着地を結ぶ役割を果たすインターミディアリーとして旅行サービスビジネスが発達してきた．

その発着の空間的な構造においては，着地側の観光サプライヤーにとっては，市場（＝発地）にそのサービス財をいかにして届けるかということが重要な課題となる．観光は比較的少数の大規模サプライヤーと比較的多数の小規模サプライヤーから構成されているとされる（Go and Williams 1994, p.235）．これは消費者の視点では観光地におけるサービス財の選択肢が多いことを意味するが，サプライヤー側の視点では競争がはげしいことにつながる．したがって，発地に住む消費者に対していかに効果的，効率的にサービス財を届け，競合他社ではなく自社のサービス財を選択してもらえるか，ということが着地側のサプライヤーの課題となる．

その課題解決のために，発地において，消費者とサプライヤーの間を媒介するインターミディアリーが必要とされるようになった．そして第1章1.1.2項でみたとおり，その主なプレイヤーの一つが日本では旅行会社，英語ではTour operator と称されている旅行サービスビジネスである．ただし着地のサービス財そのものは観光地で生産と消費が同時にされるので（不可分性），当然ながら旅行サービスビジネスは観光サービスの直接的な提供者にはなりえない．そこで観光における流通チャネルが独自の分野として研究の対象となってきた．観光における流通チャネル（以下，観光流通チャネル，と記載する）の研究は1970年代，1980年代には断続的に現れ1990年代以降により継続的に取り上げられ，すでに多くの先行研究がみられるようになった（Pearce 2010, p.2）．

2.3　観光流通チャネル論

2.3.1　観光流通チャネルの構成要素

観光流通チャネルが論述されてきた背景とその概要については，すでに第 1 章1.1.2項において説明した．本項では観光流通チャネルの構成要素について論考する．

1.1.2項でも述べたとおり，観光流通チャネルと製品の流通チャネルが本質的に異なる点として，製品の流通の場合には製品が生産場所から消費者に届けられるが，観光ではサービス財は生産現場でしか消費できないため，その反対に消費者が観光サービスを受ける観光地に移動する．したがって，消費者に対していかにして観光地（における商品サービス）に対する興味関心を呼び起こし観光地に来てもらうか，ということが必要となる（Lumsdon 1997, p. 186）．

観光流通チャネル論においてどのチャネル（経路）を活用するかということに関心が持たれる理由は，流通チャネルの活用が観光地や観光の商品サービスの競争優位性を生み出すとされてきたからである（Pearce 2009, p. 313）．つまり適切に流通チャネルを設定することにより，観光地から離れたところで生活する消費者にその観光地や観光地における商品サービスを選択してもらうことが可能になる（Buhalis 2001, p. 7）．

第 1 章でも述べたが，観光流通チャネルを構成する基本的な要素としては，まず旅行出発地における顧客としての消費者と，観光地におけるサプライヤー（プロバイダー，プリンシパルなどとも称される）がある．サプライヤーとは交通機関，宿泊業，飲食業，エンターテイメント産業などである．消費者の旅行形態は個人旅行だけでなく，組織や団体の場合もある．またレジャー目的だけでなくビジネス目的の旅行の場合もある．

次に消費者とサプライヤー間の取引の間にインターミディアリーが存在する．インターミディアリーにはいくつかの種類がある．まずトラベルエージェン

シー（TA），ツアーオペレーター（TO）が基本的なプレイヤーとして説明されている（Lumsdon 1997；Pearce 2010；Ujma 2001）．TA は消費者に対して観光の商品サービスに関してのアドバイスやその販売などを行う役割を果たしている（Lumsdon 1997, p.190）．消費者は観光するためにさまざまな手配が求められる．まず観光の行先を決め，そして利用する交通手段や宿泊施設，観光施設などを時間と労力をかけて決めることが必要となる．選択肢が多ければその労力は膨大になる．消費者はそれらを自分で行う代わりに TA に任せることができる（Goeldner and Rirtchie 2006, p.181）．サプライヤーにとっても直接消費者に販売をするのではなく TA に代理で販売することを依頼することにより，自ら販売するよりも多くの消費者にアプローチすることができる．一方 TO は観光地におけるサプライヤーを組み合わせ一緒にして提供する役割を担い，流通チャネルの基軸となっている（Lumsdon 1997, p.189）．流通チャネルにおける TO のもっとも重要な役割はパッケージツアーを企画しその手配を行うことである（Buhalis 2001, p.17）．TO はサプライヤーとの取引が多く価格を安く手配してパッケージすることができるため，消費者が個別に手配をするよりも安い価格で提供することができる（Goeldner and Ritchie 2006, p.197）．

　ただし TO が提供するパッケージツアー（旅行商品）についてはその特性上，提供する旅行内容についての限界が指摘される．旅行商品は「旅行者が目的にあった旅行を容易に実現できるよう，旅行業者が主体性をもって情報と人的サービスをアセンブルした総合旅行情報システム商品である」と定義され，具体的にはパッケージツアーについては，一般的に航空座席，ホテルの宿泊，空港とホテル間の往復の交通（トランスファー），食事，観光，添乗員（あるいは現地ガイド）といった素材の4つ以上を組み合わせたものとされている（津山・太田 2000, p.46）．しかし消費者にとっての観光は単に観光関連の企業が提供する商品サービスの消費活動の連続ではなく，消費以外の時間も含めて観光をしている．その意味で旅行商品は消費者が経験するであろう観光の「不完全な」一部でしかない．つまり，TO はサプライヤーを組み合わせて提供はするが観光

の経験の全てを確約することにはならない. それを筆者は旅行商品の「不完全性」と呼んでいる (小林裕和 2010〔本書 Appendix 3 に掲載〕). 言い換えれば, 現在のパッケージツアーでは TO が提供できない旅行素材があり, その不完全性の部分に今後の旅行商品の価値を高めるためのイノベーションの余地があるともいえる.

　観光の流通チャネルを構成する要素の一つであるインターミディアリーを観光における「発着」の空間構造から区分すると, 旅行出発地を事業の拠点とする TO と TA の他に, 観光地側を拠点とするインカミング・ツアーオペレーター (ITO) が挙げられる. ITO は地域側を事業拠点として TO を主な取引先としている旅行サービスビジネスである. たとえば日本の海外旅行の場合, TO からの委託により, 旅行者が旅行先の空港や港に到着してから旅行先を離れるまでの一切の旅行に関する業務を ITO が行っている (小林清 2010, p.41).

　なお, ITO は他の呼称が使用される場合がある. たとえばグランドオペレーター, ハンドリング／リシービング／インバウンド (トラベル) エージェント (Jafari (eds.) 2000；Buhalis 2001), リセプティブ・ツアーオペレーター (The Canadian Association of Tour Operators 2022) などである. とくに日本ではランドオペレーター (LO) と呼ばれることもあるが, その背景については2.4節で述べる.

　観光流通チャネルにはインターミディアリーを介して消費者と観光地／サプライヤーがつながるケース以外にも多くのパタンがある. 昨今はインターネットなど情報技術を活用して消費者と観光地／サプライヤーが直接結ばれるケースがある. さらにインターミディアリーが消費者側の発地に位置し直接サプライヤーと取引をするケースや, 反対に, 観光地／サプライヤー側に位置するインターミディアリーが消費者と直接取引するケースがある. またインターミディアリー自体がオンラインのみでビジネスを行うようにもなり, オンライン旅行会社 (Online Travel Agencies (OTA)) と呼ばれている. このように, 観光の流通チャネルは多くのタイプのインターミディアリーによって非常に多様化

している.

　以上はレジャー目的の旅行における流通チャネルであるが，ビジネス分野の旅行の流通チャネルにおいても発地と観光地，インターミディアリーという構成要素はレジャー分野と同様である．発地におけるプレイヤーはレジャー目的の旅行の場合には消費者は個人であるが，ビジネス目的の旅行の場合には，企業や政府，組織団体などが消費者となる．インターミディアリーについては，発地側と着地側に異なる役割をもつインターミディアリーが存在することはレジャー旅行の場合との共通点として挙げることができる（小林 2005）（図2-1）.

　ビジネス分野の旅行におけるインターミディアリーは旅行の内容や目的などに合わせてその役割や名称が異なっており，レジャー旅行の場合とも異なる業種も存在する．特にインセンティブ旅行，国際会議，イベントなどのMICE[2]分野ではそれぞれの分野において専門性を要する業務が求められるため，業種が細分化されている．たとえば発地側のインセンティブハウスやミーティングプランナー（1.1.2節 注3を参照），イベントプランナーはそれぞれインセンティブ旅行，会議，イベントの企画を顧客に提案する．コンサルティングファームやTO，旅行会社などがその役割を果たす場合もある．着地側のインターミディアリーも同様に扱う分野によって主体が異なる．インセンティブ旅行ではパーティーやイベントの企画や手配を行うデスティネーション・マネジメント・カンパニー（DMC）がある．また，国際会議では会議自体の設計や計画，運営などを総合的に取り扱うプロフェッショナル・コングレス・オーガナイザー（PCO）（浅井 2015，p.32），展示会では，出展者を自ら募り，業種，業態に立ったビジネスマッチングをし，収益管理まで責任を持つプロフェッショナル・エキジビション・オーガナイザー（PEO）（浅井 2015，p.28）が挙げられる.

　以上より，これまでの観光流通チャネルではインターミディアリーが流通チャネルの構成要素として取りあげられてきたこと，そしてインターミディアリーのプレイヤーは，発地側と着地側に存在していることがわかった．さらに

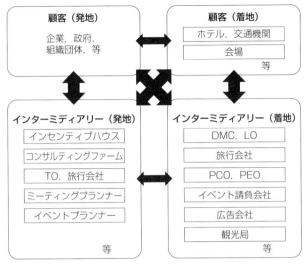

DMC：デスティネーション・マネジメント・カンパニー
LO　：ランドオペレーター
PCO：プロフェッショナル・コングレス・オーガナイザー
PEO：プロフェッショナル・エキジビション・オーガナイザー

図2-1　MICE 分野の流通チャネル

出所：小林（2005）より筆者作成

インターミディアリーは対応するビジネスによって使用される呼称がさまざまであった．これらを踏まえ，次節においては本書が研究対象とする着地側におけるインターミディアリーについてさらに詳しくレビューを行う．

2.3.2　地域のインターミディアリーとしての地域旅行ビジネス

Buhalis（2001, p.27）は「彼ら（ITO：筆者注）は観光の流通チャネルの研究においてしばしば忘れられ，ほとんど研究がされてこなかった」と指摘しているが，地域側を拠点とするインターミディアリーに関する研究が少ないことは他の研究者によっても指摘されている（Buhalis 2001；Cloquet 2013；Mei 2014）．実際，観光のバリューチェーン（価値連鎖）やサプライチェーン（供給連鎖）をレビューした論文でも TO など発地を拠点とする旅行サービスビジネスは必ず

取り上げられているが，観光地側のインターミディアリーは取り上げられていないか，現地旅行（エクスカーション）の催行者として記述されるにとどまっている（Zhang et. al. 2009；Song et. al. 2013）.

　その中で，Buhalis（2001）はITOを総合的に取り上げその役割の説明や分類を試みた貴重な論考である．ITOは，その支店を設置して業務を行っている地域の範囲や，従業員数，所有しているアセットなどで分類できるとし，また，地域の観光産業とTOの間に立って重要な役割を果たしていると指摘した．さらにITOの主な機能についてTO向けの活動と個人旅行客向けの活動に分けたうえで，それぞれ具体的な機能を整理している．たとえば，TO向けの活動としては，TOと観光地側におけるプリンシパル（サプライヤーのこと．宿泊施設や飲食施設，交通事業者など直接観光客にサービスを提供している供給者を指している）間のコンタクトや，プリンシパルに対する価格交渉やTOの代理としての支払い，観光地の情報資料の配布，宿泊施設や他の観光サービスの予約，TOの顧客に対する宿泊施設への送迎などを挙げている．また個人旅行客を志向する活動としては，観光地の一般的な情報の提供や，外国通貨の取扱い，公演のチケット発行，車やバイクなどの交通のレンタルサービス，宿泊予約などである．また，旅行見本市などに出席し観光地の代表として貢献する面もあると指摘している．しかしITOが観光地のサプライヤーとの協業により観光地の発展や競争力を高めるような役割を果たしているか，という視点での論考はされていない．

　Buhalis（2001）が論述したITOはレジャー旅行分野のインターミディアリーであるが，一方，ビジネス旅行分野の流通におけるインターミディアリーはデスティネーション・マネジメント・カンパニー（DMC）と称される（Davidson 2001）．DMCは基本的には企業や消費者に対して直接商品サービスを販売せず，ビジネス旅行を発地にて取り扱うインセンティブハウスやミーティングプランナー，TOなどと企業間取引を行い，観光地における旅行サービスや会議開催に関わる手配を行う（小林 2005；Stankova 2009）．ただし，DMCは実務

的にはビジネス旅行だけでなくレジャー旅行に関わる旅行素材も手配しており
ITO の要素を持っている企業も存在している（Spasić and Pavlović 2015 など）.

　しかし，観光流通チャネルにおいては，昨今のインターネットや情報技術の
発展が，インターミディアリーを介さずに消費者とサプライヤーが直接取引を
行う「中抜き」（disintermediation）を促進していることが指摘されている（Buha-
lis and Licata 2002）. つまりモバイル技術やデータ分析といった情報技術を組み
合わせて活用するオンライン旅行会社（OTA）が台頭し，また旅行要素となる
地域のサプライヤーが旅行者と一緒になって旅行経験をつくっていくような
シェアリングエコノミーが生まれるなど，インターミディアリーを介さないで
消費者と直接取引を行えるようになっている，という論述である.

　一方，情報技術の発達はインターミディアリーの数を減らすというよりは，
新しいカテゴリーのインターミディアリーがウェブサイトによる複雑な流通構
造をもたらし，消費者の購買プロセスを複雑にするような影響を及ぼしている，
という指摘もなされている（Kracht and Wang 2010）. OTA などはインターネッ
トを活用した新たなインターミディアリーという視点であり，「ニュー・e
ツーリズム・インターミディアリー（New eMediaries）」とも呼ばれている（Bu-
halis and Licata 2002）.

　いずれにしても，そのような市場環境の変化に対して，着地を拠点とするイ
ンターミディアリーも，その商品サービスを対応させていく必要がある（Hsu
et. al 2016）. Mei（2014）もインターネットの発展などにより旅行商品の流通構
造が変化する中で，ITO は，今後は新しい顧客を見出さなければ生き残れな
い，という視点を挙げている（Mei 2014, p. 148）. また，旅行会社が競争力を保
つにはもはや日々のオペレーションや戦略をインターネット技術との統合する
こと以外には選択肢はないとも指摘されている（Law, Leung, Leung, and Fong
2015）.

　このように地域旅行ビジネスは観光の流通チャネルの中で観光地側のイン
ターミディアリーとしての役割を担ってきたが，環境変化の中で地域旅行ビジ

ネスの役割は従来のままではいられない．したがって，新しい役割がなにであり，そしてどのようにしてその役割を果たしていくのか，という議論が必要になっている．

📍 2.4　日本における地域旅行ビジネスの研究動向

　日本の観光研究においては，海外と同様に，地域を拠点とする旅行サービスビジネスである ITO や DMC を扱った研究は多くなく，海外旅行の流通および訪日旅行の研究において言及されるにとどまっている．

　前者の例として，玉村（2003）は日英のパッケージツアーの生成・発展の比較を行ったなかで LO の事業内容に触れ（玉村 2003，p. 131），「ランド・オペレータは旅行先でのホテル，日本との間で航空輸送を直接していないオフ・ラインと呼ばれる航空会社の予約，空港とホテルの間の送迎，観光などの手配を行う業者である」とした．しかし概要説明のみで，パッケージツアーを企画するうえで，あるいはパッケージツアーの発展過程において，LO がどのような価値を提供しているか，といったことまで踏み込んだ分析はしていない．

　澤渡（2009）は日本人の海外パッケージツアーの発展史を描き，海外旅行を構成する諸業種を説明する中で，海外旅行における現地手配について一節を当てて説明している（澤渡 2009，pp. 176-179）．「外国にいて日本からの旅行客を受け入れるのを，現地におけるインバウンド業務という．これを引き受けるのが，『現地オペレーター』といわれる業種で，旅行業法上は『手配代行者』と呼ばれる」（澤渡 2009，p. 176）．その主なものとして，トーマス・クック（イギリス），ワゴン・リー（フランス），アメリカン・エキスプレス（アメリカ），クオニトラベル（スイス），リソネ・リンデマン（オランダ），ヴィアヘス・メリア（スペイン），そして日本人の経営するものとしてミキ・ツーリストなどを挙げている．ここでは，「現地オペレーター」が LO の意味で使用されており，その業務については，旅行商品の価格競争の中で，取扱規模の確保の必要性，土産屋から

の販促金に頼る構造などを指摘している．確かにそれらは「現地オペレーター」という業態の一側面には違いないが，業務の内容については詳細に記載されておらず，事業の提供価値を包括的にとらえた記載はしていない．

今西（2001）は，旅行企業の海外進出の視点から，日本の旅行会社の海外支店についての変遷と実態を明らかにするなかで，日本の旅行企業（第1種旅行企業）を対象としたアンケート調査の結果，海外進出の目的として最も多いのは「旅行素材の仕入・手配」（今西 2001, p.36）としており，日本の旅行会社の海外支店がLO業務をしていたことがわかる．しかしこの研究は海外進出の実態と特徴を把握することを主眼としており，地域旅行ビジネスの機能や役割を明らかにすることを目的としたものではないため業務の内容の記載にとどまっている．

石崎（2008）はLOそのものを研究対象とした数少ない先行研究の一つである．LOを経営の視点から分析考察し，その低収益構造と下請け従属的構造を特徴として挙げ，それがインターネットなどの情報技術の進展によって変化していく，としている．LOの負の側面を浮き彫りにしつつ，将来に向けては「近年の情報化の進展によって，（中略），ランド・オペレーターが消費者である旅行者と直接取引関係を持つことが可能になったり」（石崎 2008, p.88）することによって旅行業界全体の構造を変えようとしているとし，旅行業の将来展望を探るうえで意味あるものであると主張している．しかし，LOを日本の海外旅行の事例として扱い，地域を拠点とするLOが持つ機能から生じる価値を普遍化するまでには至っていない．

小島（2009）は，カナダ旅行の供給体系におけるLOの事例研究として価値がある．日本人のカナダ旅行の発展に伴う日本人向け現地旅行業者の活動の展開に着目し，旅行目的地とその供給体系との関係について分析を行った．竹中（2015）もLO自体を研究対象としたもので，LOの職能についてTOとの比較[3]を試みている．しかし両者とも地域を拠点とすることに起因するLOの価値という視点はもちえていない．

　このような先行研究を踏まえると，石崎（2008），竹中（2015）両論文においては，いずれも LO を日本人海外パッケージ旅行商品の流通市場における従属的な関係を負の面として指摘しつつも，今後のビジネス環境の変化を取らえて旅行業界の構造変革を期待している，という主張が共通した事項として挙げられる．言い換えれば，LO を定義する際には，旅行会社との従属的関係という業界地図があり，新しい事業環境の中でそこから抜け出す機会が到来した，経営努力を行っていこう，という主張がある．

　なお日本と海外の研究を比較すると，日本で使用されている LO という用語は海外の観光学術分野では ITO と使用されていることに留意が必要である（Cloquet 2013；Hsu et al. 2017；Mei 2014 など）．地域側のインターミディアリーである ITO に「TO」を含んで使用するのは，ITO は TO とはビジネスで依存しあいながら（Mei 2014, p.150）もお互いに独立した TO としての役割を担っているからである．ところが日本の海外旅行および訪日旅行の分野では，着地を事業拠点として旅行素材を手配するビジネスはランドオペレーター（LO）と称されている（津山・太田 2000；石崎 2008；柿島 2018など）．

　しかし日本でも LO に対して TO という呼称が使用されていることがある（JTB 総合研究所 2022；柿島 2018；北川編 2008；小林清 2010）．さらに TO はパッケージツアーの催行会社のことであり，LO を TO と呼ぶことは誤りであるとも指摘されている（玉村 2003, pp.131-132）．このように日本では LO という用語の使用に混乱がみられ定まった定義がないままに使用されており，学術研究の対象として地域旅行ビジネスを取り上げる際にはその整理が課題であると考える[4]．

　また「DMC」という用語についても日本では多義的に使用されている．2.3節で見たとおり，あるいは後の第5章において詳しく見るように，DMC はビジネス目的の旅行を取り扱う地域旅行ビジネスとして定義されているが，日本では DMO の組織名称に使用されているケースがみられる．たとえば地域連携DMO として登録されている株式会社くまもと DMC は，組織の形態が株式会

社という営利組織であることを理由に，DMO の「O」＝ Organization（組織）
の代わりに「C」＝ Company（会社）を用いて「DMC」としている．言い換え
れば「組織」ではなく「会社」なので，DMO ではなく DMC を使用している
という理由である（金 2019, p.23）．実際，観光庁は DMO が選択できる法人類
型として，非営利団体，営利団体のどちらでも認めており（観光庁 2020a），法
人格が株式会社である DMO は登録 DMO213団体のうち26団体と12.2％であ
る（観光庁 2022b）．つまり DMO が DMC という用語を使用したとしても，あ
くまで DMO としての機能役割を担っている組織であり，ビジネス旅行を取り
扱う地域旅行ビジネスである DMC とは異なることに留意する必要がある．

　その中で昨今，訪日インバウンド旅行に関する LO（柿島 2018；楊 2019）や，
地域が主体となって進める観光を担う役割としての着地型観光や DMC を取り
上げる研究が増えてきた．従来の LO 研究と同様に流通チャネル論に依拠する
研究が多い中で，宮内（2013）は着地型観光を取り上げ，「旅行の新しい形態と
いうだけでなく，地域再生への期待が大きい」とし「そのためには着地型観光
をデスティネーション・マネジメントのレベルに引き上げなければなら」ない
とし，DMC に対して新しい方向性を示唆している（宮内 2013, p.34）．

📍 2.5　観光地側の視点から見た地域旅行ビジネス

　地域旅行ビジネスは地域を事業活動の拠点としていることから，地域側の関
係者により主体的に進められている観光の中で，地域旅行ビジネスと地域との
関わりが論じられる研究も昨今みられるようになった．

　たとえば佐藤（2021）は，先行研究のレビューにより，地域側の視点に立っ
た地域内マネジメントに関する研究が多くみられる一方で，地域の観光まちづ
くりの取り組みに旅行会社がどのように関与し，事業化しているのかといった
旅行会社側の視点に立った研究は十分になされてこなかったことを示した．そ
のうえで，着地型観光商品の開発の事例を通じて，今後は旅行ビジネスを地域

住民と一緒に育てていく時代であり，その中で旅行会社として収益を上げるためのさまざまな方法を模索していく必要があると指摘している．

　またネットワーク理論，特に社会ネットワーク分析[5]を観光に応用した研究も増えている（Linnes, Itoga, Agrusa and Lema 2021, pp. 333-334）．ネットワーク分析は，ビジネスの取引関係の進展を理解するため，または組織内の関係性を分析するため，そして観光地における公的セクターとビジネス関係者間の関係性を分析するためなどの研究に活用されてきた（Tran, Jeeva and Pourabedin 2016, p. 60）．したがって観光地内における関係者間の協業や共創の状況を理解する上で有効である．

　たとえば山田・大山・松井（2016）は，三重県鳥羽市を事例として，エコツアー実施による関係者間のつながりの変化に関する分析をした結果，ツアー開始後にはつながりが増し距離が近くなり，関係者どうしが知り合いである親密なネットワークに変化し，ネットワークの強化がみられることを明らかにした．同時に，エコツアー関係者にとって報酬に対する満足度の向上は今後の検討事項の一つとなる可能性があると指摘している．そのほかに旅行会社を取り上げたものとしてはイタリアの旅行会社のネットワークの構造を明らかにした研究（Valeri and Baggio 2020），旅行会社とそのビジネスパートナー間における知識の交換についての研究（Baggio and Valeri 2021）などがある．ネットワーク分析を活用したこれらの研究では，地域旅行ビジネスを含めた観光地の関係者間の関係性が計量的に表現され，関係性の強さや広がりを視覚的にも把握することができる．一方で，商品企画などの具体的なビジネス活動として地域旅行ビジネスが地域の関係者とどのような行為を行っているか，そしてそれは経営としてどのような動機により行われたかといったことを理解するためには，デプスインタビューなどの手法により地域旅行ビジネスの活動やその経営者の考えを厚く記述することが必要となる．

　地域旅行ビジネスそのものを事例として取り上げた研究としては廣田（2020）が挙げられる．岐阜県飛騨市に事業拠点を構える株式会社美ら地球が提供する

ガイドツアーブランド「SATOYAMA EXPERIENCE」を,「暮らしを旅す
る」事業コンセプトに基づく, 地域と共生する「観光プラットフォーム[6]」であ
り, 美ら地球のメンバーは地域に定住し地域の人々と関係をつくり共生し, 旅
行者の受け入れに貢献し地域の外部への開放度を高める役割を果たしていると
した.

　そのほか LO と地域における多様な関係者との協業についてビジネスエコシ
ステムの視点からも論じられている研究がみられるが（柏木 2020）, 地域にお
けるアントレプレナーシップが地域の観光の発展にどのように貢献していくか
についての研究はそれほど多くはない（Ryan, Mottiar and Quinn 2012）.

　以上のような先行研究により, 地域旅行ビジネスの役割が他の関係者との関
係性から説明され, 地域旅行ビジネスも含めた地域における関係者間の協業の
活動が地域の観光の発展につながることが示唆されていることは, 地域旅行ビ
ジネスが地域において果たす役割を理解するためには重要である. しかし地域
旅行ビジネスの役割が断片的に論じられているままであり, 地域におけるビジ
ネスの役割についてさらに論考を進めるためには, より包括的に地域旅行ビジ
ネスの役割を理解することと, そのための枠組みが必要である. 地域旅行ビジ
ネスと地域の関わりに関する研究はまだ緒に就いたばかりであり, したがって,
包括的理解の枠組みを検討するために, 事例研究も含めたより実証的な研究か
らの示唆も必要となっている.

📍 2.6　まとめ

　以上の先行研究のレビューにより, 以下の課題を見出すことができた.
　まず観光が発地と着地を持つという空間的な構造上, 観光地のサプライヤー
の商品サービスは市場と消費者に流通チャネルを用いて訴求することが必要で
あり, 適切な流通チャネルを設定することが観光地や観光商品サービスの競争
優位性を生み出すことにつながる. そのため, サプライヤーと消費者の間に立

つインターミディアリーが観光の流通チャネルの役割を担ってきた.

インターミディアリーのなかで観光の流通チャネルの基軸となったのは発地において,サプライヤーを組み合わせて商品として提供するTOであった.さらに観光地においてはTOからの委託を受けて旅行に関する手配業務を行うインターミディアリーが存在した.その結果,消費者から観光地／サプライヤーを結ぶ流通チャネルが多様化していることがわかった.

しかし観光の流通チャネルにおいて地域側に拠点を置くインターミディアリー,つまり地域旅行ビジネスはあまり知られておらず,しばしば忘れられ,これまで研究対象として取り上げられる機会が少なかった.日本の観光研究においてもLOやDMCを扱った研究は限られ,海外旅行および訪日旅行の流通研究において言及されるにとどまっていた.

一方,地域旅行ビジネスと地域との関係性を論じた研究については,地域の関係者とのつながりを,ネットワーク分析を用いて明らかにしたものや事例研究などがみられるが,それらの研究も地域旅行ビジネスの役割を断片的にとらえたものにとどまっている.

以上のように観光地を拠点とするインターミディアリーについての研究は,観光流通チャネルに関連する研究と,地域の関係者との協業に関わる研究が,それぞれの分野で個別に論じられてきた.しかし,その両方をとらえる視点をもって地域旅行ビジネスの役割を包括的に理解するための学術的な枠組みがないと指摘できる.したがって,本書の特徴と意義は以下とすることができる.

① これまで観光研究においてあまり注目をされなかった,地域を活動拠点とするインターミディアリーである地域旅行ビジネスに焦点を当てた研究であること
② 市場ごとに細分化してとらえられていた地域旅行ビジネスについて,その用語や概念を体系的に整理すること
③ 事例研究を通じて,地域旅行ビジネスの地域の観光発展における貢献を明

らかにし，その結果を踏まえた考察により地域旅行ビジネスの役割を包括
的に理解するための枠組みを析出すること

注

1）サービス財の性質は，生産と消費が同時に行われ分離できない「不可分性」，在庫と
して保管することができない「消滅性」，ものとは違い実物を見たり触ったりするこ
とができない「無形性」などと説明されている（Kotler, Bowen and Makens 1999）.

2）「MICE」とは「企業等の会議（Meeting），企業等の行う報奨・研修旅行（Incentive
Travel），国際機関・団体，学会等が行う国際会議（Convention），展示会・見本市，
イベント（Exhibition/Event）の頭文字のことであり，多くの集客交流が見込まれる
ビジネスイベントなどの総称」である（観光庁 2021）.

3）竹中（2015）は，TOとLOを同義として扱い，用語としてはTOを用いているが，
ここでは本論文の定義に従ってLOを使用して記載している.

4）法制面におけるLOの定義の整理はAppendix 2を参照のこと.

5）社会ネットワーク分析とは，「社会的行為を行う複数の行為者間の「関係」を定量的
に測定し，数値としてとらえられた行為者間の関係とその特徴から，個々の行為者の
行為を分析しようとするアプローチ」である（安田 1994）.

6）ここでいうプラットフォームは「関係する人々の境に存在する活動要素間の組合せ，
および組合せ間の相互作用を促進する役割をはたす，社会に存在するメディア」（廣
田 2020, p.8）とされている.

第 3 章

地域旅行ビジネスはいかに発展してきたか

本章では，現在さまざまなタイプのビジネス主体として現れている地域旅行ビジネスの発展過程とそれぞれの概念を明らかにする．

3.1　観光業の変遷と地域旅行ビジネスの役割
——インターミディアリーの発展とイノベーション——

3.1.1　本章の目的

第2章で見たとおり，観光の発展と大衆化の過程で，インターミディアリーとしてのツアーオペレーター（TO）は観光流通チャネルにおいて重要な役割を果たしてきた．19世紀半ばに英国のトマス・クック社（以下，クック社）が団体旅行を取り扱い始めた近代ツーリズムの黎明期から，第2次世界大戦後，誰もが気軽に国内旅行や海外旅行ができるようになった時代まで，TO は交通や宿泊機関など関係する事業パートナーとともにさまざまな旅行商品を開発，流通，販売し，旅行の普及や大衆化の一役を担ってきた．また観光地の旅行サービスを提供するサプライチェーン（供給連鎖）を形成することによって，旅行商品やサービスを大量に企画販売し，その内容を多様化した．

それに伴い，観光地域においては宿泊や交通，飲食，ガイドなどの旅行素材を組み合わせて（パッケージにして）手配し提供する役割を担うインターミディアリーが現れ，サプライチェーンの一端を担ってきた．それらはデスティネーション・マネジメント・カンパニー（DMC）やランドオペレーター（LO）と呼ばれている．最初は発地の TO を顧客としてその依頼に応じて業務を行うだけであったが，旅行の大衆化，多様化に沿ってその提供するサービスを多様化し，あるいは旅行以外の分野の手配に専門特化し，また対象とする顧客や流通の方法を変えていった．

ところがそのような地域を拠点とする地域旅行ビジネスの実態については，これまであまり明らかになっていなかった．しかし訪日観光客の増加や，関係

人口の拡大や地域が主体となった観光まちづくりによる地域活性化への期待が高まる中で，発地を事業拠点とする TO ではなく，地域をその拠点とした旅行サービスビジネスがどのような役割を果たしているのかを明らかにすることは非常に重要になってくる．また，インターネットの普及など情報技術の発展により旅行商品の流通そのものが変化するなかで，地域を拠点とする旅行サービスビジネス自体も，従来のビジネスモデルから脱し新しい事業価値を見出す必要性もある．

本書では DMC や LO などと呼ばれてきた旅行サービスビジネスを，観光地域を拠点とした旅行サービスビジネスとして総称して地域旅行ビジネスと呼んでいるが，本章ではこの地域旅行ビジネスの発展過程を明らかにすることでその概念整理を行うことを目的とする．これは本書全体の目的の前半部分，すなわち「現在さまざまに展開されている地域旅行ビジネスの発展過程を明らかにすることでその概念を整理」する（1.1.4項）ことに相当する．そして地域旅行ビジネスが観光まちづくりや地域の持続的な発展にどのように貢献できるのかについて検討するための示唆を得ることを本章の研究の意義とする．

なお，本章で用いる用語については基本的には1.3節に準じて使用しており，一部重複はするが，以下のとおり補足して説明する．

レジャー目的の旅行およびビジネス旅行関連の業務を取り扱うビジネスを「旅行サービスビジネス」とし，先述したとおりその中でも地域を拠点として旅行サービスの手配を行うビジネスを地域旅行ビジネスと呼ぶ．この地域旅行ビジネスにはインセンティブ旅行におけるパーティーの手配など，旅行中の一素材ではあるが日本の旅行業法で定めるサービスの範囲ではないものを扱うビジネスも含んでいる．

なお，英語の「Tour operator」（TO）は「交通や宿泊，及び他のサービス供給者を組み合わせ，流通チャネルを通じてパッケージツアーとして消費者に販売する事業組織のこと」（Jafari（eds.）2000, p.584）と定義され，一方，日本語の「旅行会社」は上述のとおり観光目的のパッケージツアーの取扱いだけでな

く，ビジネス目的の旅行も事業範囲に含まれている．したがって，「TO」と「旅行会社」は同義としては扱わず，区別して使用する．

3.1.2　研究方法と本章の構成

　本章における研究方法は次のとおりである．まず日本の地域旅行ビジネスがその用語や用法，用例が混乱して利用されている中で，19世紀半ば以降の旅行市場の発展史の中に地域旅行ビジネスを置きその混乱とは距離をとることによって一度相対化し，それぞれの時代における地域旅行ビジネスを明らかにする．そのため，各種文献を用いて地域旅行ビジネスの形成と発展史を検討し，それを通じて事実（史実）を確認する．そして確認した史実に基づき地域旅行ビジネスの発展過程において現れたさまざまな呼称についてその使われ方と概念を整理する．

　そこで本章の構成を次のとおりとする．まず3.2節では通時的な視点から地域旅行ビジネス事業の発展史を記述し，さまざまなタイプの地域旅行ビジネスの概念を整理する．続いて3.3節では本章の結論を述べる．

⊗ 3.2　地域旅行ビジネスの形成と発展

3.2.1　黎明期
欧州における近代ツーリズムの誕生と日本の国際観光
１．近代ツーリズム黎明期におけるツアーオペレーター（TO）とランドオペレーター（LO）

　人が旅行に出る便宜を図るため旅行滞在中のサービスを斡旋したり，組織化された団体旅行を組んだりすることはすでに中世には行われていた（Löschburg 1979＝林龍代・林健生訳 1999）．一方，社会の近代化を背景として観光が産業となったのは19世紀からであるが，特に鉄道が開通して以来の旅行の大衆化の過程においては，TO というビジネス主体の発展と，発地の TO とのビジネス上

の取引関係から発生する現地（観光地）の旅行サービスを，現地に拠点を置いて手配するビジネスの萌芽がみられた．

　たとえば英国クック社は，1841年の最初の団体旅行以来，英国内の旅行を扱っていたが，1855年にはヨーロッパ大陸行きの「海外旅行」を実現，1866年には9週間の北米ツアーを催行した．さらに，1869年のスエズ運河とアメリカ大陸横断鉄道の開通を機に1872年には船や鉄道を組み合わせて世界一周旅行を実現し，1873年には日本にも立ち寄った（荒井 1989）．

　当初これらのツアーにおける現地旅行サービスの手配については，創業者であるトマス・クック自らが事前に現地に赴き交渉を行っていた．しかし1872年にジュネーブ支店（本城 1996, p.208），1873年にはカイロ支店（本城 1996, p.200）を開設するなど1880年までには海外に60拠点を持ち（Swinglehurst 1982, p.71），海外に拠点を設立し現地の手配を行うようになった．以降，旅行出発地と旅行目的地がサプライチェーンにより結ばれることになる．

　一方，日本においては，鉄道企業の直営事業としての旅行ビジネスを別にして，団体旅行を組織化した事例の初期的なものとして宮城県仙台で旅館やホテル，駅弁などの事業を手掛けた大泉梅次郎や，株式会社日本旅行の創設者で滋賀県草津にて事業を行った南新助などが，明治末期において団体旅行を組織化した旅行ビジネスを展開した（小川 2013, p.2）．

　また日本人により企画販売された海外団体旅行は明治期までさかのぼることができる．1891年，新潟県の伏見半七を発起人とする新潟発ウラジオストク行2週間の「浦潮遊航船」（上田 2010, pp.57-60），1906年大阪朝日新聞による募集旅行である「満韓巡遊船」（有山 2002, p.18），そして「日本初の世界一周パック旅行」となる，1908年に開催された朝日新聞社主催の「世界一周会」（参加者56名）（小林 2009）などが事例として挙げられる．このうち，観光地における旅行手配を旅行先の旅行会社，すなわち地域旅行ビジネスに依頼したことが記録として残っているのが「世界一周会」である．主催者である朝日新聞社は，世界旅行の実現に必要な宿泊やガイドなど，旅行先で必要なサービスをクック社

に依頼した（朝日新聞社 1990, p. 501）．つまりクック社は英国では TO として事業を展開していたが，この場合には地域旅行ビジネスのビジネス主体の一つである LO として機能したのである[1]．

　朝日新聞社がクック社に旅行の現地手配を依頼した背景と理由については，朝日新聞に掲載された特派員による短信をまとめた「世界一周画報」（石川 1908）に次のとおり記載されている．「之で先づ大體世界一周會を催すといふ大方針が立つたので，愈々旅行案内に以て名ある倫敦のトーマス，クック社と交渉を開くに至つた．」（石川 1908, p. 3）「倫敦のクック社といへば，先ず旅行案内業として世界第一であることは，殆ど誰知らぬ者もない．今回の一周會計畫を立てるに當りては，一般の安心と信任とを博せんが爲に，此の最も能く世間に知られたトーマス，クック社と眞最初から協議を開き，費用の計算道程の選擇及日時會員數の決定等悉く同社と十分の交渉を重ねた上で定めたのである．」（石川 1908, p. 13）つまり経験のあるクック社に旅行手配の協力を依頼したのは，当時すでにクック社が日本でも評判のいい旅行会社として認知されていた，ということが理由であったことがわかる．

　クック社は「世界一周会」出発の 2 年前の1906年 3 月に横浜に支店を設立した（本城 1996, p. 197）．その準備には1893年，トマス・クックの息子，ジョン・メイスンが世界一周旅行に出かけ，その途中で日本に立ち寄り，内閣総理大臣の伊藤博文に支店開設の賛同を得たとされている（Brendon 1991, p. 237）．日本の首相が外国の一民間企業の経営者と会い支店開設を許可するとは，いかにクック社が知られていたかを示すエピソードであり，当時の旅行会社としての社会的地位の高さがうかがえる．

　先の「世界一周画報」にはクック社横浜支社長のケーザー氏が旅行後に寄せた文章が掲載されている．それによれば「世界一周会」は「我トマース，クック社が極東に於て依頼を受けたる眞最初の大計畫」（石川 1908, p. 318）であったが，結果的に，クック社は日本人の海外旅行団体を扱う最初の LO となった．言い換えれば，日本初の，募集による海外団体世界一周旅行は，海外における

宿泊やガイドなどの手配を TO が行うのではなく，LO がその役割を果たすことになった．

2．斡旋業務から代売斡旋業へ

クック社が日本人の海外団体旅行を手掛けていたころ，日本では「漫遊外客の接遇斡旋を目的として」(中村 2006，p. 366)1893年に設立された喜賓会が非営利団体として三井・三菱や日本郵船などの寄付金を中心に運営されていた（白幡 1985a，p. 87）．その主な業務は外国人観光客の誘致とその接待であった．接待によって外交上の良い結果を期待する，という意味において，接待とは外交の一形態であった（白幡 1985b，p. 119）．

1912年，ジャパン・ツーリスト・ビューロー（以下，ビューロー）が喜賓会の趣旨を引き継いで設立された．そのためビューローは設立当初は喜賓会と同じような事業を展開していた．

たとえば，同年3月12日に開催された創立総会で議事の2番目として説明された設立趣旨は以下のとおりである（財団法人日本交通公社 1952，pp. 3-4）．

1．漫遊外人に関係ある営業者間の業務上の改良をはかると共に相互に営業上の連絡利便を増進すること

2．海外にわが国の風景事物を紹介し且外人に対して旅行上の必要なる各種の報道を与うるの便を開くこと

3．わが国に於ける漫遊外国人旅行上の便宜を増進し且関係者の弊風を矯正すること

4．以上各項の外，漫遊外客誘致待遇の目的を達するため必要なる各種の施設をなすこと

また，設立総会で付議された会則第1章総則第1条にはビューローの目的として，

　第 1 条　本会ハ外客ヲ我邦ニ誘致シ且是等外客ノ為メニ諸般ノ便宜ヲ図ル
　　　ヲ以テ目的トス.

とされ，その第 2 章にはその「事業」として，上記設立趣旨がほぼ踏襲され
記載された（財団法人日本交通公社 1962，p. 5）.

　1920年には，ビューローはクック社と相互代理店契約を提携し，ビューロー
の海外事務所では「旅行上の実質的幹旋，たとえば海外旅行客に対し船車，ホ
テルの予約及切符引換証，旅行小切手等を欧米に於ける主なクック社支店に発
行出来るというような便宜をも供与し得ることとなつた」（財団法人日本交通公社
1952，pp. 10-11）.

　先述したようにクック社のビジネスは TO であり純粋に LO としてのビジネ
スを行うものではない. しかし，国境を越える旅行の手配に関して海外に拠点
を持つ会社がその手配を依頼される，という LO の機能の原型がみられる. そ
してこのクック社の事業形態が，第二次世界大戦後に日本人の海外旅行の現地
手配を手掛けた会社の多くが外資系の TO だったことにつながり，それが日
本において海外旅行の現地手配をする業種業態を LO と呼ばず TO と呼ぶ背景
の一つとなる.

　一方，日本においては LO の業務は訪日旅行から始まった. ビューローの事
業は「幹旋」と称され，ビューロー初期には海外に対する外客誘致のための宣
伝とともに 2 大事業となっていた（財団法人日本交通公社 1962，p. 53）. ビュー
ローの事業は鉄道院の拠出金と汽船や私鉄，ホテル・旅館などの会費で賄われ
ていたため，宣伝や幹旋は無料で行うのがたてまえであった（財団法人日本交通
公社 1962，p. 59）. しかし現実的には旅客に対する幹旋に満足を期するため「こ
れに関連すべき乗車券並案内記類の販売を必要とするという建て前から」
ビューローでは切符類の受託販売を1915年 1 月に始め，「外人用切符」を販売
開始，そして日本人旅客には1925年から各種乗車券およびクーポン式遊覧券を
発売開始し国内旅行の代売業が始まった（財団法人日本交通公社 1952，pp. 20-21）.

その結果，第一次世界大戦後，1918年からは代売幹旋という言葉に代わられ，ビジネスとしての LO の原型がこのころ作られていった．同時にクック社との提携により，外国人，日本人に対して世界中の切符の手配を発売することができるようになった．

　ところが第一次世界大戦後のインフレによる物価高は外客誘致活動や訪問する外客の滞在費に大きな影響を与え，会費収入を最大の財源として経営しているビューローは，財源の面からの経営の転換を迫られた．そのため「ビューローの事業の重点は，外客誘致宣伝事業から代売あっ旋事業への傾斜をはじめ」（財団法人日本交通公社 1982, p.33）た．1927年には手数料収入（92,540円）が会費収入（88,090円）を初めて上回り，営利組織としての事業活動が本格化したことの象徴となった（財団法人日本交通公社 1982, p.34）．ここにおいてビューローは，日本企業の旅行業の TO としての営利事業を本格的に始めることになる．つまり，ビューローは代売幹旋事業を通じて，日本という地域を拠点としてその地域の旅行手配を行う LO から，旅行客に出発前に切符を販売する旅行業である TO へビジネスを発展させていった．

3.2.2　揺籃期
戦後から海外観光渡航自由化前まで　1945年〜1963年

　第二次世界大戦後は，日本における連合軍の幹旋としての LO 業務を日本交通公社（「ビューロー」の名称が，「東亜旅行社」を経て1945年に名称変更）が行った．また，大手旅行会社が海外旅行業務の取扱いを再開し，海外の拠点を設立した時期にもあたる．旅行会社のビジネスモデル面では，手数料により収入を得るビジネスモデルだけでなく，自らが販売料金を定める国内パッケージ旅行を提供するようになった．このことは後に日本の旅行会社の海外事務所が自ら LO 業務を行うことにもつながっていく．戦後，外国人訪日旅行および日本人の海外旅行が再開され，日本人の海外旅行が自由化されるまでの期間を「揺籃期」と呼ぶこととする．

　戦後，日本本土に進駐してきた連合軍の将兵に対して，日本交通公社がその斡旋の任務を引き受けることになり，その急務の一つは，外国関係の要員を充足し外人斡旋業務を確立することであった（財団法人日本交通公社 1962, p. 313）．1948年には連合国軍最高司令官総司令部（GHQ）より観光を目的として入国する外国人客の国内旅行を日本交通公社が斡旋することが許可され，制限はあったが一般外人を対象とする観光事業を，戦後ようやく開始することができるようになった（財団法人日本交通公社 1962, p. 315）．ここに戦前から行われていた LO 業務が再開されたことがわかる．

　一方，日本人の海外渡航を見ると，戦後，GHQ が日本人の海外渡航管理をしていたが，サンフランシスコ平和条約の調印後，1951年に旅券法が制定され日本政府が旅券を発給することとなった．以降，旅行会社が扱う海外渡航については，1950年代は業務渡航，1960年代は産業視察の団体旅行が増加していった（日本海外ツアーオペレーター協会 1993, p. 2）．

　この時期，海外渡航自体が非常に制限されており，外国為替管理法のもと，渡航の可否が渡航審査会で審査された．そのため旅行会社は外国企業のレターヘッドを入手して企業側の公式招待状をそれらしく作成し，一方で，顧客が現地で必要な米ドルを交換レート（1ドル＝360円）より高い400円程度で調達していた（日本海外ツアーオペレーター協会 1993, p. 3）．それらの手配は，戦前からの流れを受けて，主に海外の旅行会社が担っていた．

　また，旅行会社が国鉄などの切符の代売だけでなく，自ら旅行を企画する請負旅行を始めた．旅行会社がチケッティング・エージェントからトラベル・エージェントへと発展する時期にあたる（財団法人日本交通公社 1982, p. 371）．たとえば日本交通公社では請負旅行の団体旅行が60年〜61年に17件291人から，68件1,069人と急増した（財団法人日本交通公社 1982, p. 371）．

　なお，販売収入（あっ旋収入と呼ばれていた）を計上する請負旅行の考え方は日本交通公社の社内ではかなり抵抗を受け，その考え方がなかなか定着しなかった．従来の代売手数料収入を基にした営業形態に比べ，売り難く，説明し難い

旅行商品とみられ，「あっ旋収入」という言葉自体がなじまれなかったからである（財団法人日本交通公社 1982, p.371）．ただし，すでに国内旅行では1947年に「あっ旋収入」を規程上明確化し，1956年には法人団体あっ旋収入としてその増収を支持している．国内旅行部門のほうが進んでいたという（財団法人日本交通公社 1982, pp.371-372）．

　ここで「あっ旋」（斡旋）という業務について触れておく．あっ旋は喜賓会がその目的としていた業務である．辞書によれば「あっ旋」とは，「間にはいって，関係する双方がうまく行くように取りはからうこと．」（金田一編 1974）とある．つまり，喜賓会が外国人観光客と日本の旅館やホテルなどの供給者の間に立つ，ということにあたる．あっ旋業務は1952年「旅行あっ旋業法」により法的根拠を持った事業として定義されたことになる．同法は，GHQ の将校家族などの旅行の増加，朝鮮戦争特需による日本人国内旅行の増加などを背景に，旅行ビジネスを取り締まることが社会的要請として高まっていた時代に制定された（鈴木 2015, p.8）．

　同法によれば，「旅行あっ旋」とは「他人の経営する運送機関，宿泊施設その他の旅行に関する施設の利用について，対価を得て，あっ旋すること」（旅行あっ旋業法第2条第1項第1号）となっており，同法によって「あっ旋」が対価を得ることができるビジネスとして明確に規定されたことになる．また同法が対象とした事業は，外国人又は外国人および日本人を対象とする「一般旅行あつ旋業」（同条第4項）および日本人を対象とする「邦人旅行あつ旋業」であり，訪日外国人向けの LO と日本人向けの TO が混在して対象となっていた．

　この時期は海外観光渡航自由化以前であり，日本人向けの海外パッケージ旅行はまだない．したがって，旅行あっ旋業法も日本人の海外旅行は対象としておらず，「戦後復興のさなかで喉から手がでるほどに欲しい外貨獲得のため，外国人旅行客を呼び込んで日本的な情緒を堪能させるというような旅行，いわゆるインバウンド（In-Bound＝外国人の日本訪問旅行）と，外国に出かける商用客の業務渡航が2本の柱であった」（澤渡 2009, p.63）．

3.2.3　成長期（大衆化の時代）

日本人の海外旅行におけるランドオペレーター（LO）の発展

1964年〜1970年代

　海外観光渡航自由化（1964年）以降，海外パッケージ旅行市場の拡大を背景として，日本人の海外旅行事業において海外の現地手配を行う業務がより専門化されていった時期となり，狭義の LO という呼称が定着していった時期であった．

　LO はパッケージ旅行における海外の手配を包括的に担う一方で，TO からの地上手配を請負う受託業務という事業上の性質に起因する価格競争の激化が，パッケージ旅行の品質低下を招く事態も発生させた．その後，海外旅行市場が成熟化するにつれ，格安航空券の台頭などで個人旅行化が進展することにより，海外パッケージ旅行に対する市場の支持も変化し，同時に LO にとっても厳しい時代となっていった．海外旅行自由化から LO がその業容を拡大していき，海外個人旅行が本格化する前までを「成長期」と呼ぶ．

　1964年に海外渡航が自由化された当時，日本の旅行会社には海外の旅行手配を行うノウハウが十分になく，旅行先の宿泊や交通，飲食などの手配をする業務は外国資本の TO に委託するのが一般的であった（日本海外ツアーオペレーター協会 1993，p.5）．1960年代初頭には，アルバートセン社（米），オーバーシーズ・トラベル・カンパニー社（米），リソーネ・リンデマン社（オランダ），ホテル・プラン社（スイス）などの外資系企業が日本における営業を開始した（日本海外ツアーオペレーター協会 1993，p.5）．また，たとえばビューローの場合，欧州方面については，ホテル・プラン社，クオニ社，リンデマン社などが担っていた（財団法人日本交通公社 1982，p.375）．

　日本海外ツアーオペレーター協会（OVERSEAS TOUR OPERATORS ASSOCIATION of JAPAN．以下，OTOA）は，「この地上手配業務（ランド・オペレーション）を専業とするツアーオペレーターが新たな職業として誕生」したとし（日本海外ツアーオペレーター協会 1993，p.5），ランド・オペレーションを行う事業を TO

と呼んでいる．つまり現地手配を行う旅行会社が TO であったため，LO と呼ばず TO あるいはオペレーターと称しその業界名にも TO を冠したことがわかる．

　一方，財団法人日本交通公社（1982）「70年史」を見ると，海外旅行自由化直後の記載箇所にはオペレーター，ローカルオペレーターという用語を用い（財団法人日本交通公社 1982, p.486），株式会社日本交通公社（1963年より財団法人日本交通公社の営利事業部門を株式会社化して営業開始．以下，JTB と記載）のアメリカ現地法人である JTBI（Japan Travel Bureau International Inc.）の1972年度事業運営方針には「海外旅行ランドオペレーター業務の協力推進」を掲げ，LO という呼称を使用している（財団法人日本交通公社 1982, p.621）．これは，JTBI の営業体制転換の方針の JTB 本社の決議を受けて，海外旅行における「現地の受手配あっ旋機関として一層の質的強化をはかり，他の日本業者の受手配業務も行える様指向する」という方針によるものである（米国法人日本交通公社インターナショナル 1984, p.40）．さらに，同じく JTB の欧州支配人室である JTBE（Japan Travel Bureau Europe）は，その「25年史」において1970年代後半の状況について以下のように記している．「一方，欧州はといえば，強大なランド・オペレーターが日本にレップを持ち，交通公社の各支店からの電話一本で，見積もりや手配に対応してくれる．（中略）JTBE がこうしたランド・オペレーターと競合していくのは並大抵のことではない」（株式会社日本交通公社欧州支配人室 1988, p.27）．また，他社との競争において現地手配を確立することの苦労についての当時の駐在員たちの座談会を収録し「ランド・オペレーターを目指して」というタイトルで表している（株式会社日本交通公社欧州支配人室 1988, pp.27-29）．これらの事例から，LO という呼称を用いたビジネス主体がすでに明確に認知されていることがよみとれる．

　日本の海外旅行の現地手配を行う事業を一つの分野として決定的にしたのが，1972年「旅行あっ旋業法」を全面的に改正した「旅行業法」の施行である．

　旅行業法は，国内旅行では，1970年に開催された大阪万国博覧会，海外旅行

では1968年に始まったJTBと日本通運によるパッケージツアー「ルック」の開始や1970年ボーイング747の就航，そして1971年に訪日外国人旅行者数が，日本人の出国者数を初めて上回るなど，旅行の大衆化が進んだ時期を背景に生まれ，消費者保護を図るための弁済業務や旅行業務取扱主任者制度が新設された．

　この時，海外現地手配を担うTOに対して，一般旅行業者としての登録の要否が議論になった．海外現地手配を行うTOが一般登録を取ると，直接顧客を集客できることになり，業界の混乱を招くのではないか，などの理由から現地手配を行うTOは結果的には登録不要となった（日本海外ツアーオペレーター協会 1993, pp. 19-23）．これによって，消費者に対して旅行に関する手配を行い直接的な責任を持つ事業（「旅行あっ旋業」）と，消費者に対して直接旅行手配は行わず，旅行あっ旋業社からの依頼に基づき現地手配を行う事業，という海外旅行における2つの業務が専門化，細分化され役割が明確になることとなる．そして後者がその業界団体である海外ツアーオペレーター協会の設立（1974年）につながっていく．

　このような中，パッケージ旅行商品を造成し卸を行うホールセラーが1968年に次々と誕生し，1969年に欧州路線から始まる各地域にバルク運賃導入，1970年3月にはジャンボジェット機（ボーイング社B-747型機）の就航などを背景に，1972年は「第二次ホールセール・ブーム」と呼ばれ（株式会社トラベルジャーナル 1984, pp. 108-116），各社のパッケージ旅行商品の販売が活況を呈した．一方でLOは，「活動の規模も小さく，旅行業界の舞台に公式の(原文ママ)認知されるまでには成長していない」（日本海外ツアーオペレーター協会 1993, p. 22）ともされていた．ようやく1974年には14社を発起会社として，海外ツアーオペレーター協会が発足した．しかし，発足直後の1976年までには，欧州系の大手オペレーター4社すべてが入会保証金の考え方の相違からOTOAを脱退した．さらに，海外旅行の手配を担う専業のLOが相次いで営業を開始した．戦後から海外旅行の海外の現地手配をTOが担ってきた時代から，新たな次の時代への転換

を占める大きな流れとなっていった（日本海外ツアーオペレーター協会 1993, p. 31）.

3.2.4　転換期

デスティネーション・マネジメント・カンパニー（DMC）の誕生

　旅行市場が成熟化，多様化する中で，その流通過程において観光地域の旅行サービスの現地手配を担う企業も変化していった．その一つとして欧米で1970年ごろに誕生したデスティネーション・マネジメント・カンパニー（DMC）を挙げることができる．DMC はビジネスを目的とする旅行形態である MICE[3]を実現するために，旅行先における各種手配を担う役割を果たす（小林 2005）．*Encyclopedia of Tourism* による定義によれば，DMC は「訪問グループのために現地のコーディネーションサービスを提供する．ビジネスの多くが，会議，コンベンション，展示会，インセンティブ旅行の分野から生じている」とされ（Jafari（eds.）2000, p. 146），MICE を扱う事業を指していることがわかる．

　アメリカに拠点を置く DMC の非営利団体であるデスティネーション・マネジメント・エグゼクティブ協会（ADMEI）による DMC の定義は次のとおりである．「DMC とは，デスティネーションに拠点を置き専門的なサービスを提供する会社であり，地域の専門知識や資源を専門に扱っている．DMC は，イ・ベ・ン・ト・管理やツアー／アクティビティ，交通，エンターテイメント，ロジスティクスにおいて，戦略的なパートナーに対して，地域の創造的な経験を提供する．」（ADMEI 2021a）（傍点筆者）．ここでは DMC が旅行手配だけでなく，イベント管理等 MICE に関連する業務を扱う事業であることが明記されている．

　さらに DMC の出現は，会議・コンベンションとインセンティブ旅行という，異なる市場においてみられた．まず会議・コンベンション分野においては，1960年代にミーティング＆コンベンションプランナー，PCO の要求に対応して，そのプログラムの中で行うレジャー活動をアレンジすることから始まった．当初は「ground operators」（地上手配事業者）と称される，一つのデスティネーションを扱う小規模事業者であった．70年代に，独自の手配，テーマ性の

あるイベント，夫婦プログラムなど手配できる内容を増やしていき，DMC として発展していった．80年代には経済発展とともに繁栄し，複数の地域や全国展開をする事業者が出現してきた（ADMEI 2021b）．

　またインセンティブ旅行分野では，早い記録では1906年にアメリカにおいて，企業が従業員70名を参加者とするインセンティブ旅行の事例があり，1960年代には欧州においてもインセンティブ旅行が始まった（Sheldon 1994, p.20）．インセンティブ旅行分野においても，地上手配をするビジネス主体として，インセンティブ旅行に求められる性質と地域の事業者を理解している DMC が，インセンティブ旅行市場の拡大に伴い多く生み出されてきた（Sheldon 1994, p.21）．会議・コンベンション分野においては，DMC はイベントオーガナイザーを支援する立場だったが，同様にインセンティブ旅行においても，プログラムを企画手配するインセンティブエージェンシーのビジネスパートナーとして機能した（Davidson and Cope 2003, p.169）．

　ただし，DMC の起源，またその呼称が使用され始めた経緯については諸説ある．たとえば，DMC という言葉自体は1972年にフィル・リー氏が命名した，とするもの（Lee 2014），ロンドンのハリー・バウム氏と，ストックホルムのリスベッカー氏が1980年代に生み出したとされるもの（株式会社イベントサービス 2011）などである．

　これらの事実から，MICE の中でもコンベンションやインセンティブ旅行などは市場として別々に発展をしており，それぞれの分野で DMC が発達してきたことがわかる．

　一方，日本においても株式会社 DMC 沖縄，株式会社 DMC などといった[4]MICE 業務を中心に取り扱う企業が存在している．ところが，社名に DMC と関していても MICE の取扱いを中心的な業務としない企業もある．たとえば，株式会社くまもと DMC は，熊本を『食』×『観光資源』=『旅』で世界にマーケティングする会社である，と企業ドメインを定義し，地域の食や観光資源に精通し，地域と協働して「観光による地域づくり」を行う，地域と海外をつなぐ

プラットフォームとしている（黄・石橋・狩野・大脇 2019）．このように日本においては必ずしも DMC が MICE 業務を中心としない場合にも呼称として使用されていることがわかる．

3.2.5　発展期
ランドオペレーター（LO）／デスティネーション・マネジメント・カンパニー（DMC）の多様化

旅行市場の多様化・成熟化に対応するため，新しい業容の地域旅行ビジネスが出現し，また既存の地域旅行ビジネスは業容を変化させていった．それは大きく 2 つの方向性がみられた．一つは，地域を拠点とした TO やビジネス旅行分野に限らずレジャー市場におけるサービス提供を志向する DMC が出現したことである．もう一つはインターネットなどの情報技術の発展により，自らの商品サービスを自らが流通させる，という方向性である．

1．インカミング・ツアーオペレーター（ITO）

情報技術やインターネットの発展を背景に，TO のビジネスは大きな影響を受けた．具体的にはオンラインで旅行予約サービスを提供するオンライン旅行会社（OTA）が台頭したことである．その影響は TO を顧客とする LO にも大きな影響を与えている．つまり，TO 自体が OTA に流通の主役をとって代わられようとする中，TO からの受託業務を行う LO は，主要な流通チャネルとして従来の TO に依存するだけではたちゆかなくなっている．

同時に，インターネットは，地域を拠点とする ITO がインターネットを活用して自社の旅行商品を直接消費者に届けることを容易にした．つまり，受託者的な立ち位置にとどまらず，インターネットを通じて TO として直接消費者にサービスを販売できるようになった．旅行者の課題解決を志向し起業する ITO も見られるようになった（Hsu, King, Wang, and Buhalis 2017）．

２．訪日旅行におけるランドオペレーター（LO）

訪日外国人客の増加背景に訪日客を悪質に扱うLOが問題となり，その品質を保証する動きがみられるようになった．それを背景として制定されたのが，旅行業法改正による訪日LOの登録制度および一般社団法人日本旅行業協会（JATA）が主導して策定されたツアーオペレーター品質認証制度である．これらによってLOが業種として公式に認知され定義された．

1952年制定の旅行あっ旋業法，そしてその改正法案である1971年制定の旅行業法では，日本におけるLO，つまり訪日旅行を扱う業者は，直接消費者にツアーを販売していないため対象外であった．旅行業法は日本の国内法であり基本的には日本国民の消費者を目的としていたからである（廣岡 2003，p.126）．

しかし，訪日旅行市場が拡大する中で，「○旅行サービス手配業者（いわゆるランドオペレーター）に旅行手配を丸投げすることにより，安全性が低下する事案の発生．○訪日外国人旅行の一部において，キックバックを前提とした土産物店への連れ回し，高額な商品購入の勧誘」（観光庁 2020b）といったことが課題視され，法的規制が求められるようになった．

そこで2018年1月に旅行業法が改正され，旅行サービス手配業（LO）に係る制度が創設された．そこでは旅行サービス手配業が「旅行業者から委託を受け，運送手段や宿泊施設，ガイド等を手配する者」と定義され，登録制の創設（第23条），旅行業務取扱管理者又は旅行サービス手配業務取扱管理者の選任（第28条第1項），違法な営業を行う土産物店への連れ回し等禁止事項を明示（省令）（第31条，第32条）などが制定された．これによってLOの事業，営業の実態が把握されるようになり，迷惑行為に対する罰則が規定されたことになる．

📍 3.3 まとめ

地域旅行ビジネスの発展過程の段階としてこれまで明らかになったことをまとめると次のとおりである（表3-1）．

表3-1　地域旅行ビジネスの形成・発展史の区分

区　分	時　期	概　要
黎明期	19世紀後半〜戦前	• 欧州からの近代ツーリズムと日本の国際観光政策を背景とした LO の始まり • TO によるあっ旋から代売へ
揺籃期	第2次世界大戦後から海外旅行自由化前まで	• 外資旅行会社 TO が LO として海外地上サービスの手配機能を担う
成長期	海外旅行自由化以降	• 海外旅行市場の拡大に伴う事業拡大 • 海外 TO による LO，日本の TO が海外に進出し LO を担う
転換期	1970年代以降	• ミーティングビジネス，インセンティブツアーなどの新しい市場による DMC の誕生
発展期	2000年前後以降	• 地域旅行ビジネス自らがツアーを販売（ITO） • MICE に専門性を持つ DMC，観光性旅行を扱う DMC など多様化 • 訪日 LO が定義される

出所：筆者作成

　地域旅行ビジネスは19世紀後半の欧州における近代ツーリズムの揺籃期における国境を越えるツーリズムの発展を背景に，旅行者数の増加に対応する旅行斡旋業務として出現した．その後，代売により収益事業が可能となり，旅行者からの委託を受けて旅行手配を行う事業となった（黎明期）．

　その後，TO は請負による海外旅行により収益性が高まり，TO を顧客とする LO 業の役割も重要になっていた．しかしまだ外資系の TO が LO の機能を提供していた（揺籃期）．

　戦後，海外旅行市場が拡大発展する中でその過程で地域旅行ビジネスの機能に特殊な意味が加味され，狭義として LO が使用されるようになった．その際に社会的な課題も引き起こした．つまり価格競争や旅行者のニーズに対応するべく，お土産屋からのコミッションの問題，売春の斡旋等である．それらは事業の受託者的な立ち位置からくるものであった．この時期を成長期（大衆化の時代）と呼ぶ．

　旅行市場の成熟化により，地域旅行ビジネスが会議やインセンティブ旅行という特定市場に対応するためにそのサービスを専門化させた，DMC という言葉が生まれたのが転換期である．

　情報技術の発展や交通網の発展により旅行市場の拡大，成熟化がさらに進むことにより，LO／DMC は，その商品サービスや流通チャネルを発展させた．つまり，TO に対する卸としてのサービス提供から始まりそれは受託者的な役割であったが，その後，インターネットによる観光流通の革新を背景に，自らが商品価値提供を行い，直接消費者に販売するようになった．さらに観光が地域活性化の手段として期待される中，地域，コミュニティが主導する観光において，また新しい観光地のマーケティングの手段として ITO が注目を浴びてきた．この時期を発展期とした．

　この時期にはクロスボーダーな旅行商品が発展するにつれ，欧州全域，北米全域など広い地域をカバーする企業だけでなく，ある国や地域の手配に特化する企業も現れた．またレジャー目的の旅行だけでなく，ビジネス目的の旅行に関わる各種サービス，イベント・会議（いわゆる MICE）の各種サービスの手配を行う企業もある．インセンティブ旅行におけるパーティーや国際イベント，国際会議の企画・運営などを手掛ける会社もある．

　地域旅行ビジネスの事業が多様化する一方で，旅行者や旅行を企画・販売する TO という旅行出発地側のプレイヤーと，旅行目的地側の各サービスの間に立ってビジネスを展開する，という地域旅行ビジネスの機能は，時代を問わず，その普遍的な機能としてとらえることができる．2 つのものをつなぐ，という機能は，古くから流通における卸業であり，昨今インターネット時代においては，そのプラットフォーム的役割である．観光地域に根差した各種活動により，地域独自の商品サービスを，日本だけでなく世界に届けることができるのが地域旅行ビジネスである．それは代理販売者＝エージェントとしての価値，流通の担い手としての価値，そして，旅行素材の組み合わせによる価値を提供している．

　本章では地域旅行ビジネスの発展過程を通時的な視点を用いて明らかにすることを通じて，そのさまざまなビジネス主体の概念整理を行った．一方地域旅行ビジネスと地域との関係性や，地域旅行ビジネスによる地域への貢献を論じるためには，日本独自の動向である着地型観光や地域旅行ビジネスのビジネスモデルなどについてさらに深堀をして明らかにする必要がある．そこで次章では共時的な視点から，地域旅行ビジネスの中でも着地型観光とかかわりが深いITOについてより深く検証する．続く第5章ではビジネス旅行分野の地域旅行ビジネスとして，日本におけるDMCの業態やその起源を通じて地域との関係性を論じる．

注

1）実際の手配窓口となったのは営業拠点である日本にある事務所であった．LOは営業拠点を事業拠点と異なった市場に設置することがある．レップと呼ばれることもある．

2）引用中の「レップ」とは，事業拠点とは異なる市場に置く営業拠点のことである．

3）MICEの定義については，1.3節及び2.3.1項を参照のこと．

4）株式会社DMC沖縄については，第5章において事例研究の対象として詳しく取り上げる．

第 **4** 章

着地型観光における
インカミング・ツアーオペレーター（ITO）

――島根県 隠岐旅工舎を事例として――

　本章および次章は，地域の観光の進展において，地域旅行ビジネスが果たす役割を明らかにしようとする，事例を用いた探索的研究である．まず本章ではレジャー目的の旅行を扱う地域旅行ビジネスのビジネス主体としてのインカミング・ツアーオペレーター（ITO）について論考する．

📍 4.1　着地型観光の概念，課題，そして
　　　インカミング・ツアーオペレーターの役割

4.1.1　本章の目的

　着地型観光は日本で生まれた概念で，今や全国で取り組まれている．第1章1.1.3項では，着地型観光が，地域が主導し地域を拠点として進められることにより，地域の社会関係性を活用できる優位性についても触れた．しかし，研究者の間ではいまだ多義的に用いられている用語であり，特に着地型旅行（商品）との違いも明確でなく，観光まちづくりと意味がオーバーラップして使用されることもある．また必ずしもすべての地域で成功していないとも言われる．しかし，今や日本各地で進められている着地型観光が一体何を指していてどのような目的で進められているのかを明確にしないままでは，今後世界水準を目指す観光地域づくり法人（DMO）の役割や，観光まちづくりが目指すべき方向性を見誤ることが懸念される．また，着地型観光への過度な期待が先行する中ですすめられ，結局今までの観光と変わっていなかった，ということでは地域の関係者の努力は報われない．

　したがって，本章では以下の3つを研究課題とする．

① 着地型観光の目的を構成する要素は何かを明らかにすること．
② 着地型観光がうまく行かないとき，その構造的な原因は何かを明らかにすること．

③ 着地型観光において，地域旅行ビジネスのビジネス主体としてのインカ
　ミング・ツアーオペレーター（ITO）が担っている役割は何で，その役割
　によって②の原因を取り除けるかを明らかにすること．

そこで本章の目的は，着地型観光の目的となる要素を明確にし，ITO が着
地型観光の実現と発展に果たす役割について明らかにし，着地型観光を ITO
の役割を含めて再解釈し提起することとする．

なお本章においては，用語として使用していることを表す場合には「着地型
観光」と括弧書きを使用するが，括弧の有無にかかわらず表す意味は同じであ
る．

4.1.2　研究手法と本章の構成

研究手法であるが，まず先行研究のレビューにより「着地型観光」が生まれ
てきた経緯をたどることによりその目的を明らかにする．次に，ITO が着地
型観光において担う役割について事例研究により明らかにする．事例として島
根県隠岐の島町の ITO を取り上げた．その理由は，事業活動の拠点となる観
光地が団体型から個人旅行にシフトしたことに対して，ITO の経営者が危機
感を明確に抱き，着地型観光を意識して事業経営をしてきた事例だからである．

本章の構成であるが，以下，4.2節では，先行研究のレビューから着地型観
光の目的を確認し，4.3節において事例を取り上げ ITO の役割を描き出す．
4.4節において，4.2節，4.3節の結果から，着地型観光の再解釈を提起する．
最後に，4.5節では本章のまとめを行う．また，ITO と DMO の役割のあり方
について若干の論考を行うが，そのテーマについては第6章において詳しく考
察する．

📍 4.2　着地型観光の目的の再確認

4.2.1　「着地型旅行」という概念が生まれた背景

　まず，「着地型観光」という言葉の語源に焦点を当てその目的と定義を明らかにする．

　「着地型観光」という用語が観光庁や観光研究者にいつごろ使用され始めたかを調べると，「着地型観光」という用語が使用されるより先に「着地型旅行」が使用されていることがわかる．たとえば最も早く着地型旅行を使用した文献の一つである国土交通省総合政策局旅行振興課（2005）では次のように記述している．「着地型旅行は，前述の通り昨今の旅行マーケットのニーズに合致しているだけでなく，旅行者数の増加と消費額の増大をもたらし地域経済の活性化に寄与する，外国人旅行の増加に寄与するなどの効果があることから，着地型旅行の促進は観光振興に観光振興における今日的なテーマだといってよい」（傍点筆者）．

　観光白書に最初に登場するのは「平成18年版 観光白書」における「着地型のオプショナルツアー」という表現である．「行政や地域住民，農林水産業者，商工業者等幅広い関係者が一体となって，当該地域にしかない観光魅力＝『オンリーワン資源』を発掘するとともにそれを観光商品に組み込み，市場に積極的に流通させていく『地域観光マーケティング』活動を全国各地に普及させていく」取り組みを「旅行会社との『連携』・『協働』により促進していくため」，「第 3 種旅行業者による着地型のオプショナルツアーの企画・募集の実施について」検討していくとした（観光庁 2022c）．これは後の2007年，第 3 種旅行業者が地域を限定して募集型企画旅行を行えることを盛り込んだ旅行業法の制度改定につながる．

　ここでは，着地型旅行の目的として，着地側での取り組みが地域の多様な主体によりなされることにより地域にしかない観光の魅力が発掘できること，そ

して着地側で商品を作り発地に流通させる旅行事業を行うこと，の２つの要素があることが読み取れる．

　一方，産業界では2003年に，一般社団法人全国旅行業協会（ANTA）により「ANTA　第１回国内観光活性化フォーラム（別府）」が開催され，そのテーマを「着地型旅行への取組み」としており，「観光」ではなく「旅行」を使用していることがわかる（尾家・金井（編）2008，p.3）．

　2007年からは，観光庁による滞在型観光や新たな顧客ニーズや地域の観光資源の特性を踏まえた「ニューツーリズム」の創出・流通促進事業や，2008年には観光圏整備法により，滞在型の観光が政策として進められてきており（清水・海津・森重・九里 2017，p.9），さらに同年５月には旅行業法が改正され，第３種旅行業者がツアーの催行区域を限定して旅行主催ができるようになり，全国各地の着地型旅行の取り組みを促進した．その際には「地域密着型の旅行商品」とも表現されていた（福岡 2008，p.35）．

　これらから当時の着地型旅行は，旅行の企画を発地の旅行会社ではなく〈着地側の「だれか」が行う旅行事業〉であるというように，主体は発地から着地に変わるが，旅行事業そのものに焦点が当てて用いられていた用語であることがわかる．たとえばエコツーリズムにおいても，その担い手として「着地型旅行」を進める「着地型旅行業者」という言葉が用いられており（真板・比田井・高梨 2010，p.179），着地型旅行が旅行事業としてみられていた．

4.2.2　「着地型旅行」から「着地型観光」に推移した経緯

　2006年は「着地型観光」が多くの観光研究者の間で使用された年だった．日本観光研究学会の全国大会学術論文集をみると，タイトルに「着地型観光」を入れた発表数は，第20回大会（2005年）以前はゼロであったが，翌年の第21回大会では全74論文のうち４編見られ，また「着地型旅行商品」が１編あった．５編の論文に共通しているのは着地側の取り組みやプロセスに焦点を当てていることであり，また，尾家（2006）は着地型観光の起源は観光まちづくりであ

るとしている（尾家 2006, p. 32）. なお着地型観光の英語表記は，Destination Proposal Tourism（小松原 2006），Supply-side tourism（高田 2016；尾家 2006）であり，CBT（Community-based Tourism）は一つもなかった.

　2008年には同じ出版社から着地型観光に関する 2 冊の著書が発刊された. 大社（2008）と尾家・金井（編）（2008）である. 大社（2008）の書名の副題には「着地型観光」とあるものの，本文には「「着地型」の旅」や「地域主導の旅」という表現を用い，章タイトルにも「着地型観光」という言葉を一切使用していない. また，「地域主導で生まれ変わろうとする国内の旅」（第 1 章タイトル），「求められる本物の旅とは」（第 2 章タイトル）など，旅のありかたに焦点を当てているように見える. これは大社氏が「本書は，過去20年にわたって全国各地で地域資源を活用した地域主導（着地型）の旅を企画運営してきたグローバルキャンパスの豊富な経験と蓄積されたノウハウにもとづいて書かれている」（大社 2008, p. 4）と書いているように，観光地における旅行会社である「着地オペレーター」（本書では ITO と称している）と協業し独自の旅を企画販売してきた経験からきている.

　大社氏は後の著書で「旅行会社が主導する「行こうよ（発地）型」から，地域が主導する「おいでよ（着地）型」が求められるようになった. 旅づくりの主体が変わったと考えればわかりやすい. これが地域主導型（着地型）観光の基本的な考え方である.」（大社 2013, p. 23）とし，旅づくりの主体が変化したことをもって着地型観光という用語を用いているが，文脈からは観光のあり方よりも，旅行に焦点を当てていることが見てとれる.

　一方，尾家・金井（編）（2008）は書名に「着地型観光」を用いており，その定義を「地域住民が主体となって観光資源を発掘，プログラム化し，旅行商品としてマーケットへ発信・集客を行う観光事業への一連の取組み」（尾家・金井（編）2008, p. 7, 傍点筆者）としながら，「着地型観光は観光地を拠点とした集客型ビジネス」とも称しており（尾家・金井（編）2008, p. 9）定義の範囲が広い. しかし前者の定義は多くの研究者に利用されており（大森 2017；丸山 2020；望月

2020など)，着地型観光の「一連の取組み」の意味が徐々に定着していくことにより，同時に「旅行」の意味が薄れ，「着地型旅行」ではなく「着地型観光」が用いられるようになった．

　また，2003年には国により「観光立国宣言」がなされ観光振興が地域活性化策として位置づけられ，それ以降，「観光振興の主体が観光産業や観光事業者だけでなく，地域全体で取り組むという考え方が浸透していった」（清水他2017，p.9）．特筆すべきは，産業界および学会から幅広い有識者の議論によってまとめられた，2002年6月に社団法人日経経済調査協議会が発行した「国家的課題としての観光（ツーリズム）──21世紀のわが国における使命と役割を考える──」（社団法人日本経済調査協議会 2002），通称「松橋委員会レポート」である．[1] 内容は基本認識（3項目）と10の提言から構成され，基本認識の項目の一つである「魅力的な国家づくりは個性的な"地域"づくりから」の中に「地域住民による主体的な地域づくり」があげられ，「『観光』を軸とする地域づくりを考えていくことは，個性ある質の高い地域づくりと表裏一体をなすことであり，住民主体で地域活力の再生を目指す人々が『観光』をテーマにする理由もここにある．また，地域が真に個性的な魅力を再生していくには，自己決定権と独自の財源を持つ必要があり，地域主権的な地域づくりが期待される」とした（社団法人日本経済調査協議会 2002，p.5）．

　このような流れを受けて，地域全体で主体的に観光の取り組みを行うという考えが広がり，着地型観光を地域づくりの手段・ツールとしてとらえている研究が現れるようになった（森重 2009など）．特に，深見・高木（2013）では，「災害からの復興を果たしていくには，地域が主体となり交流人口の確保を目指す着地型観光が適している」とし，着地型観光を地域の復興の手段として明確にとらえている（深見・高木 2013，p.13）．

　そのほか，着地型観光の多義性でいえば，観光旅行の一形態としているもの（米田 2015），CBTと同一視しているもの（望月 2020），ニューツーリズムと同義で使用しているもの（菅沼 2015）などが事例として挙げられる．

　以上より「着地型観光」は，「着地型旅行」を語源としつつ，その目的として，発地ではなく着地が主体となり旅行商品企画をすること（要素①），着地型観光を地域活性化の手段として旅行企画を地域の関係者を巻き込んで行うこと（要素②），の 2 つの要素からなることが分かった．そしてこれら 2 つの要素を含んだまま次第に要素②が強調され，「着地型旅行」の代わりに「着地型観光」が好まれ使用されるようになってきたことが分かった．

　一方，着地型観光を批判的に研究するものもある．才原（2015）は観光客満足の観点から着地型観光を考察し，現状の着地型観光に必ずしも満足していないことを明らかにした（才原 2015, p. 27）．

　また山村（2008）は，着地型観光の取り組みについて「観光開発の主体こそ企業から地域住民へと大きく変わったものの，『観光』そのものに対する認識は全く変わっていない（中略）つまり，次世代ツーリズムを目指し，『着地型観光』論により『観光』自体を変えようとしているのだが，本質的な構造はほとんど何も変わっていない」（山村 2008, p. 1）と指摘している．才原（2015）からは，着地で旅行商品を企画することがそのまま旅行者の満足向上にはつながらず，着地型といえども商品企画に努力が必要であること，山村（2008）において，観光を進める主体が変わるだけで観光の本質的な構造が変わっていない，という指摘であり，それぞれ要素①，②に対応する批判になっているといえる．

◉ 4.3　事例：隠岐旅工舎（山陰観光開発株式会社）と創業者

　本節では，先に述べた研究課題③を明らかにするために，島根県隠岐郡隠岐の島町を事業活動の拠点とする隠岐旅工舎（会社名：山陰観光開発株式会社）を事例として取り挙げる．調査研究手法としては，代表取締役である八幡洋公氏に対して半構造化インタビューを行った．インタビューは，2021年 3 月16日に，隠岐旅工舎のオフィス（島根県隠岐郡隠岐の島町中町）で実施した．以下は，特別に記載しない限りインタビュー内容に基づき記述した．その他公開されている

表4-1　隠岐旅工舎　会社概要

会社名	山陰観光開発株式会社
商　号	隠岐旅工舎（おきたびこうしゃ）
代表者	八幡　洋公（代表取締役）
所在地	島根県隠岐郡隠岐の島町中町目貫の四　54-3
設　立	2009年10月20日
資本金	600万円

出所：隠岐旅工舎ウェブサイト　https://okitabi.jp/company（2021
年9月20日取得）

情報を参考にした．文中の括弧（「　」）書きは，インタビューを書き起こした
ものを八幡氏に確認いただいた原文を引用したものである．

4.3.1　隠岐の島と観光の概要

　島根県隠岐の島は，島根半島の北方・鳥取の県境から北方約40～60kmに位
置し，4つの有人島と約180の島からなる地域である．有人4島のうち，最も
大きい島が島後と呼ばれ（隠岐の島町），他3島には西ノ島町（西ノ島），海士町
（中ノ島），知夫村（知夫里島）があり，3町1村で総面積は346平方キロ，人口約
1万9000人である（島根県 2022）．地域の大地の成り立ちや生態系，人の営みが
世界的に貴重とされ，隠岐世界ジオパークが2013年に世界認定，2015年にはユ
ネスコの正式事業に承認され，「隠岐ユネスコ世界ジオパーク」となった（一
般社団法人隠岐ジオパーク推進機構 2022）．

　各町村に観光協会があり，さらに4町村を束ねる隠岐観光協会が置かれてい
る．2019年に島根県隠岐支庁県民局が行った調査報告によれば，来島者数は，
直近2年間は観光客の減少による影響が大きく，宿泊者数，滞在日数を含めて
減少傾向にあり，また観光消費金額は，観光利用や宿泊者数，滞在日数の減少
もあり，減少傾向にあるとし，隠岐諸島の観光は衰退状況にあり，地域の産業
や暮らし等にも大きく影響，と調査結果を出している（島根県隠岐支庁県民局
2019，p.1-1）．

　2021年3月には，一般社団法人隠岐ユネスコ世界ジオパーク推進協議会が，4町村を区域とする観光地域づくり候補法人（地域連携 DMO）に登録された．

4.3.2　インタビュー結果

1．会社設立時

　会社設立当時（2009年）は，旅行形態の主流が団体旅行から個人旅行へ変わっていたころであったが，隠岐はそうではなく，まだ「旅行業界がそもそもが団体依存のところが非常に強くて，なかなか個人の受け入れという旅行形態ではなかった」．隠岐は「いまだにそう」いう要素もあり，これは「結構重要な問題で，いわゆる発地のエージェントさんが旅行商品を作って，それを受け入れるだけみたいな，そういった機能，旅行の形態だった」と八幡氏は指摘している．それに対して，商品を自分たちで作らなければ「そもそもの観光力というか，力は付かない」と八幡氏は考えた．それは自身の実家が宿泊業であり自身も業務経験があることからきている．つまりホテルの中にいるとホテル経営が中心になってしまう．そのため「やっぱり旅行会社を立ち上げて，地域を活用した商品開発を行わないと，やっぱり総合力というか，そういったものは付かないなと思っ」た．

　宿泊事業では大手旅行会社との取引が多かったが，その取引を通じて，大手旅行会社が「地域での商品造成ということに対してそんなに力を割けなくなってきた」と感じた．その結果，地域の商品を企画造成する力が弱まり有名観光地を対象とすることが多くなり，「隠岐はまだまだマイナーなところだったので，隠岐ってどこだっけみたいなところから」旅行会社と話を始めることもあった．

　設立当時は，2人のスタッフを雇い，商品開発，旅行商品販売を行った．しかし，隠岐地域では初めての旅行会社だったため，観光事業者との仕入契約に非常に苦労した．つまり宿泊事業者やタクシー会社，レンタカー会社などの事

業者は，観光協会に対して会費を支払っており，観光協会から旅行客を紹介してもらう場合には販売手数料は支払わない．しかし隠岐旅工舎は旅行会社であり，販売に対する手数料を収受するビジネスである．観光事業者から見れば，観光協会は無料で客を紹介してくれるのに，なぜ手数料を払わなければならないのか，ということである．旅行会社は通常発地にあるものであり，観光地にある旅行会社はなかなか理解がされなかった．

創業時には，仕入れもできず，また商品の販売実績も十分にあがらなかった．旅行事業がある程度の規模になったのは，5，6年たってからであった．旅行事業の他に，他の会社から遊覧船事業を引き継ぎ2009年創業時と同時に始めたため，その事業収益があった．

旅行事業は，1泊2日の行程の商品が非常に多かったが，忙しいだけで客単価が上がらない．創業7，8年後には，商品開発を進め地域を周遊させることだけを考えた．2泊3日，もしくは3泊4日の商品をホームページやカタログの最初に表示させて勧め，そしてそのうえで1泊2日の商品も紹介するようにし，泊数を増やしていった．

2．着地における旅行ビジネスについて

隠岐旅工舎設立前の2007年5月，旅行業法が改正され，第3種旅行業者が，区域を限定するなどの一定の条件下で募集型企画旅行を実施できるようになった．これは「日本人の旅行スタイルが，従来の『通過型』・『団体型』の物見遊山的な旅行から，訪れる地域の自然・生活文化・人とのふれあいを求める『体験型』・『交流型』・『個人型』の旅行へと転換しており，長期滞在型観光，ヘルスツーリズム，エコツーリズムなどの『ニューツーリズム』への需要が高まっているなど，旅行者ニーズが多様化・高度化して」おり，「大量送客を前提とした『定番』の旅行商品の造成のみならず，地域独自の魅力を活かした地域密着型の旅行商品の創出への取組強化が求められ」ていることが，制度改正の背景となっていた（国土交通省総合政策局観光事業課 2007）．

　しかし八幡氏は，第3種旅行業で成功しているという話は聞いたことがなかった，という．ではなぜ観光地（着地）側で旅行会社を始めようと考えたのか．

　「隠岐はご存じのとおり4島ありますので，これを効率よく回って，いわゆる無駄のない周遊の仕方，そもそも周遊するのが，結構至難の業です．発地の旅行会社には，このパズルは解けない．だからそこにビジネスチャンスがあるというふうに思っていました，ずっと．ホテルのフロントでお客さんが必ず聞かれるのは，明日向こうの島に行きたいんだけどどうやって回ればいいですかって，その説明をものすごい数，フロントで書いて説明して，地図で説明するわけです」．実際に，島間は船での移動が必要であるが，1時間に何本も頻繁に運行されているものではない．

　「この船に乗って，この船で帰って，向こうで定期観光やって，この島に渡って，この島のここでレンタカー借りてみたいなやつを，フロントで延々とその案内をするわけですね．その経験も踏まえて，やっぱりこれはある程度ちゃんと誰かが提供してあげないと，ほぼほぼお客さんっていうのは頭に結局自分で考えて来てないんですよね．みたいなのがありました」．

　発地の旅行会社の商品企画販売の限界も感じていた．「発地のエージェントができない，お客さんもそういう感じで来る，結局満足度が上がっていかないということになってくる」．「ですからうちがある程度プランを提案して，前もって案内してあげると，やっぱり聞いてよかったっていうようなことになります」．

　そしてターゲットとする市場の存在を実感する．「うちのお客さんは，どうせ隠岐に行くのだったらちゃんと回りたい，だから地元のエージェントに聞きたいっていう思いは，そういうお客さんっているんです．そういう層は確実にいるんです」．

3．商品開発

　隠岐旅工舎が多くの時間を費やすのは商品開発である，と八幡氏はいう．「現場に出掛けていって，いろいろ話を聞きます．そういったところから商品を作っていく」．しかし，ほぼ間違いなく，そんなので商品になるのというような反応があるが，大事なことは，「一歩を踏み出す」ことと，「商品のクオリティーを上げる」ことであり，それは「経験しかない」．「お客さまと接する回数が商品のクオリティーを上げていく一番の作業だというふうに思うので，そこのところはどんどんまずトライしてみる」．

　「経験を重ねていくと，不思議なもので，どんどん慣れていくんですよね．いわゆるガイディングもそうだし，受け入れに対してものすごい慣れてくるっていうようになってくると，もう結構それは商品として確立して」いく．

　たとえば「突き牛さんぽ体験ツアー」という商品は，闘牛の牛飼いが毎朝する散歩に旅行客がついていき，時々綱を持たせてもらうような内容である．最初は牛飼いがなかなか慣れなかったが，顧客と接する回数を重ねていくうちに，客の反応を見ながら，こうやったら客が喜んでくれる，ということがだんだんわかってくる．そうすると牛飼いにとっても喜ばれる機会となり，最初はなかなか面倒くさそうだったものが，今では割と積極的にやってくれるようになった．八幡氏は自らも何回か一緒に行き，現場を大事にしている，という．

　また「島暮らし体験」という商品は，漁師のところで半日お客を「お預け」し，漁の手伝いをしたければ漁の手伝いをし，散歩したければ散歩し，一緒に料理を作ったり，「非常に緩い商品」である．料金は半日で1人5000円であるが，顧客の満足度が高い．

　八幡氏は「どんどん，ある意味乱暴ですけど放り込んでいくっていう作業を重ねていくことかな」と商品開発を表現している．またそれによって，「もう本当に乱暴な言い方，放り込んで，放り込んで，というようなことをやっていけば，地域としての総合力がついていくのではないか．やっぱりお客さんがその場にいるっていうことのシチュエーションをどれだけ作っていくのかという

ことかなと思いますね」という．そしてそれでなくては「地域のエージェント
の意味がない」．「発地のエージェントと地域のエージェントどう何が違うの
かっていったら，やっぱりそこの現場力，それだけじゃないですか」．

4．創業時の想い

　宿泊施設で働いてから15年程度たったころに隠岐旅工舎を創業した．ホテル
に勤めているとホテルだけしか売れない．しかし宿だけを売るというよりも，
隠岐の全体を売っていくことは，旅行会社じゃないとできないと八幡氏は考え
た．

　隠岐全体を売るなら観光協会もあるが，「あくまでも民間でと思っていたの
で，民間事業者としてはやっぱり旅行会社を立ち上げるっていう結論にな」っ
た．

　ホテルを売るだけじゃなくて地元全体を売る，という想いに至ったきっかけ
は，ホテル事業の創業者（八幡氏の祖父にあたる）が言っていたことであった．
「隠岐という島，地域として何か人に対して役に立てるものがある」．その影響
がある，と八幡氏は言う．

　社名の「山陰観光開発」は創業時の社名である．なぜ，「隠岐観光開発」で
はなく「山陰観光開発」なのか，それは，山陰そのものが人のお役に立てると
いう思いで，創業者が会社を設立したからである（傍点筆者）．現在，ホテルの
社名は別の名称に変更したが，八幡氏が「山陰観光開発」という名前を創業者
の想いとともに譲り受けた．

5．販売チャネル：BtoC販売，BtoB販売，観光協会との協業

　創業時には，まずホームページを整備し作り込みを重視した．また発地の旅
行会社にも売り込みに行った．大手旅行会社は現地プランとして販売すること
が多かった．また，観光協会から，希望者にパンフレットを郵送で送っても
らった．

　旅行商品の販売先としての旅行会社との取引は，大手旅行会社は現地オプションツアーのような形が多いが，長野や北海道などの地域の旅行会社からのオーダーの場合には，パッケージにして販売し，そこに旅行会社が必要に応じて他の要素を追加で手配することが多い．

　自社サイトに「旅行代理店」向けのページを作成し，相談窓口を設けておりそこから問い合わせが入る．その結果，旅行会社への販売は伸びている．また，インバウンド旅行専門の会社からの問い合わせもあり，台湾の体験旅行専門のオンライン旅行会社でも販売している．

　今までは隠岐の島町観光協会も行程を作っていたが，個人旅行なら隠岐旅工舎に紹介してもらえれば，観光協会としても効率化できると考えている．

6.「事業への想い」

　八幡氏が2016年ころにつづった資料がある．「事業への想い」というタイトルで A4 版 2 枚，約629字の文書には，「隠岐で過ごす時間が人のお役に立てないだろうか」という八幡氏の創業時の想いや，昨今の観光に対応すべく「すべての産業，島民を巻き込んだ旅行商品開発販売は必要不可欠」という考え方，そして最後に「隠岐の持っている潜在能力を引きだし，来た人も島の人も喜ぶ観光プラットフォームの構築は我が社の使命であると考えています」と記載されている．

4.3.3　インカミング・ツアーオペレーター（ITO）として担う役割

　今回の事例から，隠岐旅工舎が担っている事業活動と経営の特徴を以下のとおり抽出した．括弧書きの数値は4.3.2項における段落番号に対応している．

　　A．地域の素材を包括的にパッケージ化（1）

　　B．雇用の創出（1）

　　C．市場ニーズの理解（2）

D．地域住民を巻き込んだ商品企画（3）

E．発地の旅行会社との取引（5）

F．旅行客への商品の直接販売（5）

G．地域活性化の視点による経営（4），（6）

A，C，D，E，Fは旅行企業経営に必要となるマーケティング戦略の要素であり，Bは地域への社会的効果を創出していることを示し，Gは地域活性化につながる企業理念である．Dは住民を巻き込み地域の社会関係資本（ソーシャル・キャピタル）を活用した商品造成であり，地域を拠点とすることにより形成し活用できる資産である．Eは旅行ビジネスに必要な発地側と着地側の取引を結ぶバリューチェーンを表している．

　この中でDについては，第1章1.1.1項で「地域の人的なネットワークや関係性のなかで創造され，彼らの手によって消費者に提供される観光の経験」を「社会関係性の経験」と定義したが，その事例にあたる．つまり，地域を拠点としている隠岐旅工舎が地域の一員となることによって，地域の中で人的ネットワークを構築し，それを活用して地域独自の旅行商品を企画し消費者に提供できるようになったことを示している．また，CおよびEについては発地との関係性を構築し，ITOとしてのビジネスを維持発展させていることがわかる．これらから，着地側におけるTO，つまりITOが有形無形の地域資源を活用し，地域住民を巻き込みながら主体的に商品の企画内容や価格を決定し，発地側の旅行会社とも連携して，またはIT技術を活用して直接消費者に，旅行商品の販売を進めていることが分かった．

📍 4.4　着地型観光の再解釈

　以上，4.2節からは，「着地型観光」の定義をその目的から見た時に，2つの要素，すなわち，発地ではなく着地が主体となり旅行商品企画をすること

（①），着地型観光を地域活性化の手段として地域の関係者を巻き込んだ旅行企画の一連の取り組み（②）から構成されること，そして②が強調される中で「着地型旅行」よりも「着地型観光」が用語として使用されていったこと，さらにそれぞれの要素に対して批判があることが分かった．そして，4.3節の結果から，ITO が社会関係資本を活用しながら社会関係性の経験を創造し，それを活用してビジネスとして主体的に旅行商品企画を行っていることが分かった．

なお，ここで着地側の ITO の機能と「旅行商品」，「旅行素材」，「観光商品」について明確にしておく．

一般的に ITO は，複数の旅行素材を組み合わせて包括的に一つの商品として仕立て（「旅行商品」），それを発地の旅行会社を通じて間接的にまたは消費者に直接的に販売する．一方，「旅行素材」とは，宿泊や交通，飲食，ガイドサービス，体験など，旅行客が消費可能な旅行の要素を指しており，旅行素材の提供者は供給者やサプライヤーとも呼ばれ，その商品サービスが提供価値となる．また，「観光商品」は，消費されるものだけでなく観光地における「観光の経験」を含んでおり（小林裕和 2010，p.71〔本書 Appendix 3 に掲載〕），DMO の業務に観光商品の開発が含まれるのは，この意味においてである．

サプライヤーは，旅行素材を販売するだけでなく，他の旅行素材と組み合わせて一つ商品とすることがある．たとえばガイド業を行っていて，行程中で昼食を取り入れたり観光施設に入場したりし，一つのツアーとする場合などである．その場合には，サプライヤーが ITO と同じ価値を提供することになる．つまり ITO と旅行素材の定義の境界は曖昧でもある[4]．

以上より，なぜ着地型観光がうまく行かないのかを考えるための示唆が得られる．まず，着地型観光の目的の要素①は ITO の業務範囲そのものであり，その業務を実行するにはビジネスのノウハウが求められるということである．次に，着地型観光では地域の関係者を巻き込んだ取り組みが強調されるが，そもそも観光の構成要素には，必ず旅行客がいて，その出発地点があり，観光地

だけを切り離して観光という現象が生成されるものではない．さらに観光は，発地だけでなく，着地側のITO以外のサプライヤーや，消費者の発着間の移動などの要素から構成され，それらが相互に関連しあいそれぞれ独立しては成り立たない．観光は一つの全体システムとなっており，構成要素間は関係性をもってつながっているとみることができる（Leiper 1992, p.333）．これは第1章1.1.2項で観光システム論として論考した．したがって，着地型観光における旅行商品企画と地域活性化に関わる一連の取り組みも，観光の全体システムの構成要素の一つであるにもかかわらず，これまでの着地型観光に関する議論においては，着地としての地域が主体となることを強調することにより，発地と着地間のバリューチェーンを分断する危険をはらんでいる．着地側が主導すれば自動的に顧客満足度が高まる，とはならないことは，4.2節で見た先行研究が示すとおりである．バリューチェーンはバリュー（価値）を発地の消費者に届けるプロセスとして観光の取り組みには欠かせない要素であるが，現在の着地型観光の目的の要素にはその部分が漏れてしまっている．

　そこで本章では，着地型観光がバリューチェーンを分断している，という視点により着地型観光を再解釈し，発地における関係者を含めたバリューチェーンを取り入れ，「共創型着地型観光」と呼ぶことを提示したい．つまり，着地側が発地との関係性を構築・維持しつつ，地域における多様な関係者を巻き込んで，社会関係性の経験を地域独自の観光商品として創造する一連のプロセスを指している．そして共創型着地型観光を推し進める役割の一部を，ビジネスの主体としてのITOが担う．ITOの役割を包括的に理解するための枠組みについては，第6章総合考察においてさらに論考する．

📍 4.5　まとめ

　本章では，「着地型旅行」が生まれてきた背景から，着地型観光の目的となる要素，すなわち，着地側における旅行商品企画，観光まちづくりの2つを含

み，後者が強調されていることにより「着地型観光」が使用されるようになったことを明らかにした．そしてITOが地域活性化を志向していることを含み，前者を担う役割であることを事例研究から導き出した．さらにITOが地域活性化を志向しているのであれば，DMOの役割を今後再考する必要もあるだろう．具体的には，DMOが，着地型観光の目的のうち旅行企画を推進する役割の必要性についてである．DMOの自主財源確保の視点から旅行業登録を取得し，旅行商品の企画造成，つまり旅行商品に仕立てるまで取り組むことがあるが，地域全体の観光地マネジメントの全体最適の視点から，その役割はITOが担い，DMOは地域における中小企業（SMB）を育成する一環でITOをサポートする役割を果たすように，それぞれの役割と機能を再構成したらどうだろうか．たとえば英国のDMOに関する調査によれば，DMOは18種類の分類にわたる多様な業務を行う中で，87％が「事業サポート」をしており，85％が「観光商品の開発」を，41％が「消費者への直接販売」を行っていたが，ITOの機能という項目は見当たらなかった（De Bois 2021, pp. 24-25）．日本のDMOが地域の持続的な発展に貢献するために，その役割に地域の中小企業振興まで含めることの必要性については第6章において考察する．

注
1）この名称は，2000年10月に組織された調査専門委員会の委員長が㈱ジェイティービー代表取締役会長（当時）松橋功氏であったことからきている．
2）「平成15年版 観光白書」には，平成14年（2002年）の国内旅行マーケットの動向として，「平成国内旅行の主流は，年々，団体旅行から個人旅行に移りつつある.」と記載されており，八幡氏の認識を裏付けしている．
3）八幡氏は1995年〜2010年まで，実家であるホテルで勤務していた．
4）サプライヤーの分類については第6章にて詳しく論考する．

第 **5** 章

日本におけるデスティネーション・
マネジメント・カンパニー（DMC）の起源と
MICE 開催地としての発展

——DMC 沖縄を事例として——

　本章は，前章に続き，地域の観光の発展における地域旅行ビジネスの役割を明らかにするための事例を用いた探索的研究として，ビジネスを目的とした旅行を主に取り扱うデスティネーション・マネジメント・カンパニー（DMC）について論考する．

📍 5.1　デスティネーション・マネジメント・カンパニーとは
——日本の観光業界における役割と貢献——

5.1.1　本章の目的

　第 2 章および第 3 章ではデスティネーション・マネジメント・カンパニー（DMC）は，日本では観光地域づくり法人（DMO）の名称に使用されることなどがあるものの，歴史的にはビジネス旅行分野において発展してきた地域旅行ビジネスであることを述べた．筆者は，2004年ごろに業務でシンガポールやタイでインセンティブ旅行市場の調査を行った際，「MICE」[1]という呼称とともに DMC を知る機会があった．ラグジュアリークラスのホテルへのヒアリングから，インセンティブ旅行を扱う際には DMC と協業することがある，という．当時は，MICE，DMC という用語は，日本の観光業界でもほとんど知られておらず，旅行会社勤務時代に，そのコンセプトを理解してもらうことに非常に苦労をした経験がある．実際，ミーティングビジネスの専門家団体である MPI（Meeting Professionals International）の日本組織を1995年に立ち上げた浅井新介氏によれば，日本で MICE と言う造語が大きく取り上げられたのは，2007年度に国のビジット・ジャパン・キャンペーン「YOKOSO Japan」の推進を受け，日本航空株式会社と JTB グループが協力して「Inbound MICE に積極的に取り組む」というプレスリリースだった，という（浅井 2009）．

　DMC は旅行目的地を主な事業活動の拠点として，企業（コーポレート）から発生する会議（ビジネスミーティング）やインセンティブ旅行を扱い，その分野

に関する専門的な知識やスキルを持つ．しかし会議，インセンティブ旅行は，企業から直接生じる活動のため，統計などにより把握がしづらいこともあり，実態があまり知られていない．

またDMCはビジネス需要を取り扱うだけでなく，SIT（Special Interest Tour. 特別な目的に絞った旅行のこと）などの観光性需要も取り入れて発展してきており，観光地におけるツアーオペレーターとしての期待もされ，ランドオペレーターやインカミング・ツアーオペレーターとの境界もあいまいになってきている．はたしてDMCは，地域旅行ビジネスのビジネス主体として，どのような事業実態なのであろうか．

また，昨今，観光地の経営の観点からDMOに焦点が当たっており，観光地の発展には欠かせない組織として認識されている．しかし旅行客の観光の体験は，直接的にはDMCを含む地域の各企業のサービスを通じてなされる．その意味では観光地の発展は，そのような観光地域を拠点とする企業の発展なしにはあり得ない．すなわち，DMCが観光地の競争力向上に資する事業活動を行い，持続的な観光地の発展に貢献できるとしたら，それはどのような役割を果たしているのだろうか．

そこで，本章では日本の観光研究においてこれまであまり焦点が当てられてこなかったDMCを研究対象として，日本におけるDMCの事業実態を確認し把握することと，そしてDMCが，MICE開催地の価値を高めるための取り組みの過程を通じて，観光地域の発展に果たす役割と貢献について明らかにすることを目的とする．また，本章における論考によって，DMCに関する学術的知識と実務のギャップを埋め，DMCの役割や貢献を明確にすることによって，地域における雇用創出や，観光イノベーションの担い手としてのDMCの育成や振興の示唆とすることを，本章の意義とする．

5.1.2 研究方法と本章の構成

まず，既存文献によりDMCの定義を整理しどのような業態を指してDMC

という用語が使用されているかを確認する．次に事例研究を行う．事例として株式会社 DMC 沖縄（以下，DMC 沖縄）を取り挙げる．その創業者への半構造化インタビューを基にして，公開資料や文献などを補足的に用いることにより，日本における DMC の起源と，沖縄における MICE 産業，特に DMC が関連するインセンティブ旅行と会議市場についての発達過程を明らかにする．DMC 沖縄を事例とする理由は，1.2節でも述べたとおり，事業拠点が島にあることにより発地と着地を地理的に明確に分けることができ，着地のビジネスを発地で MICE を扱うビジネスと区別することにより，その性質が明確になると考えたからである．さらに，DMC 沖縄は会社名に「DMC」を冠しており，創業者によるその設立過程を見ることを通じて DMC というビジネスの目的がより鮮明に浮かび上がると考えた[2]．

　本章の構成を次のとおりとする．5.2節では先行研究のレビューにより本章の研究の位置づけを明確にし，5.3節では DMC という用語の定義と使われ方を確認する．そのうえで，5.4節では，DMC の起源と沖縄における MICE 市場の発展過程を記述し，5.5節では観光地発展モデルを考察し提示する．5.6節にて本章のまとめを行う．

5.2　先行研究

　DMC はビジネス旅行分野[3]である，会議およびインセンティブ旅行におけるビジネス主体として言及されてきたが，観光研究ではこれまであまり注目されてこなかった．

　Smith（1990）では，観光地で各種旅行手配を行うグラウンド・ハンドラー（ground handlers）が，国際会議・学会，展示会の総合的に運営サービスを行う PCO（Professional Congress Organizer）の業務を扱うようになり，その結果，DMC と呼ばれるようになり PCO との区分が変化しているとした．同様に，Davidson and Cope（1994）も，DMC は ground handlers とも呼ばれ，会議

の開催地の詳細な知識を持つ強みを持つインターミディアリーとしてイベント の成功のためにすべての手配を行う，としている．さらに Price and Becker (2002) は，DMC はインバウンドの MICE を扱うプロフェッショナルであると し，アメリカで誕生したと指摘している．

　これらから DMC は MICE の中でもインセンティブ旅行，会議を扱う業態 であることがわかるが，事業実態については概要の記載にとどまり十分に明確 にされていない．

　日本の観光研究においても DMC を対象とした研究は非常に少ない．1997年 発行の「観光学辞典」（長谷川編 1997），2008年発行の「観光・旅行用語辞典」 （北川編 2008）には「DMC」の項目が見当たらない．また内田（2013）は，観光 地域のサービスを管理するという機能を持った DMO や DMC についての研究 報告も見あたらない，と指摘している．

　DMC に関する研究が少ない原因を論考すると，DMC の主な業務であるイ ンセンティブ旅行や会議といった MICE を対象とした研究そのものが少ない ことと（守屋 2019），加えて，旅行産業に関する研究は旅行会社またはツアー オペレーターが主な対象とされ，旅行目的地側の事業についてはあまり関心が 向かなかったためではないかと推察する．

　さらに，日本においては DMO が政策として進められる中で，DMO と DMC の違いがあいまいなままに用語として使用されている．石黒（2019）は， 日本版 DMO についての課題を挙げる中で，日本版 DMO 候補法人に，「DMC」 や「ツアーズ」のように明らかに旅行業を営む事業会社を想起させるものまで 多岐にわたっているとし，国が進める日本版 DMO という政策が，足下の地域 では定義上の安定性に欠けていることを示唆している，と指摘している．

　一方，近年 DMC を，MICE を取り扱う事業としてだけでなく，地域を拠点 とした旅行会社（ITO）としてとらえ，観光地の発展や競争力向上にどのよう に貢献しているか，ということに関心がもたれるようになっている．

　Magas and Basan（2007）は，クロアチアを事例として，イノベーティブ・

ミリュー論を援用し，DMC を官民連携の PPP（public private partnership）として観光地マネジメント（デスティネーション・マネジメント）を推進する組織として推奨している．Spasić and Pavlović（2015）は，観光のバリューチェーン（価値連鎖）が変化する中で，DMC がより多様な商品を供給しており，観光地の競争力を向上させる役割を果たしていくことと，プライベート・セクターとパブリック・セクター間の協業を基にして DMC の役割を強化する必要性を検証している．また黄・石橋・狩野・大脇（2019）は，観光庁の登録観光地域づくり法人（登録 DMO）の地域連携 DMO である株式会社くまもと DMC を取り上げ，旅行商品やツアーの造成などのランドオペレーター業務や，海外に熊本を売り込むための取り組みを行っていることを指摘している．さらに宮内（2013）では DMC を，観光地マネジメントを進める事業主体としてとらえており，DMC の役割はデスティネーションの商品化と商品と密接にリンクしたマーケティングおよび販売活動とし，日本の大手旅行会社が DMC に転換していることなどを指摘している．

　このように，DMC は MICE 市場における専門性を持った事業体として明確に定義されその用語が使用されている場合がある一方で，DMC が MICE 市場だけでなく多様な旅行サービスを取り扱い，観光地マネジメントや観光地の発展・競争力向上への役割を期待されており，その場合には DMC の用語は MICE ビジネスの扱いだけに限って使用されているものではない．そこで DMC の用語の定義と使用方について次節でさらに詳しく論考する．

📍 5.3　「DMC」の用語の定義と使用法

　前節の先行研究のレビューで見たように，DMC は MICE 分野における事業から発展したが，それは学術および実務の両面から次のように裏付けられる．まず *Encyclopedia of Tourism* では DMC を次のように定義している．「DMC は訪問団体に対して現地における手配サービスを提供している．DMC のビジ

ネスの多くは，会議，コンベンション，展示会，インセンティブ旅行から生じ
ている（後略）」(Jafari ed. 2000)．また，DMC の業界組織である ADMEI (Association of Destination Management Executives International) による DMC の定義は次
の通りである．「DMC は旅行目的地に拠点をもつ専門サービス会社であり，
地域の専門知識や資源を取り扱い，イベント管理や，ツアー／アクティビティ，
交通，エンターテイメント，ロジスティクスにおける，創造的な地域の経験を
提供する戦略的パートナーである」(ADMEI 2021a)．さらに，ロンドン・コン
ベンション・ビューローも，DMC はコーポレート・イベント・マネジメント
を専門に扱っており，コーポレート・イベント・マネジメントにはイベントや
ツアー，スタッフ派遣，交通を含んでいる，としている (London Convention
Bureau 2021)．以上の定義は DMC が MICE を主に扱っていることを示してい
る．

　日本においても MICE ビジネス分野の文献では，上述の定義を踏襲してい
る．たとえば浅井 (2015) は，「DMC はそれぞれの地域のリソースを知り尽く
した専門家で，地域のネットワークを持ち，MICE 主催者が思い描く MICE
を成功に導くアドバイスをする」としている．

　一方，DMC を，ビジネス旅行を専門に扱う事業以外の呼称として使用する
場合もある．たとえば観光庁の登録 DMO をみると，登録観光地域づくり法人
213件 (2021年11月4日現在) のうち，名称に DMC を冠している組織が2件，観
光地域づくり候補法人 (候補 DMO) に，同じく4件がみられる．株式会社くま
もと DMC は登録観光地域づくり法人の一つであるが，第3章3.2.4項で述べ
たとおり，マーケティングを推進する会社として企業のドメインを定義してお
り，ビジネス旅行を専門として扱う事業，という DMC の定義とは全く異なっ
ている．

　このように，5.2節で確認した内容も踏まえると，「DMC」という用語は当
初 MICE に関連する手配を行う事業体を指し明確に定義され使用されてきた
が，昨今ではその用語が多義的に使用されていることがわかる．このことから

DMC という業種の発展に伴い DMC はその業務範囲を広げていったことが推察される一方で，ビジネス旅行とはまったく違う分野で DMC という用語が使用され，観光地域づくりを担う役割をもつ DMO の名称にも使用されていることが確認できた．したがって，5.2節，5.3節の論考より，DMC の用語の定義の再検討と，DMC と観光地の発展との関わり合いを明確にすることが研究課題として認識できる．

5.4　株式会社 DMC 沖縄と沖縄の MICE の事例

　本節では，先に述べた研究課題を明らかにするために，株式会社 DMC 沖縄（本社：沖縄県那覇市，以下「DMC 沖縄」）の代表取締役徳田博之氏に行った半構造化インタビューを基に記述した．そのほか，公開文書やウェブサイト，文献で補足して記載したが，その場合には出典を明記し，引用元がインタビューとは違うことを示した．インタビューは，2021年10月25日に沖縄ハーバービューホテル（沖縄県那覇市）にて実施した．内容については書き起こした原稿を本人に確認をいただき，原稿そのものを直接引用して記載する際には括弧書き（「　」），または段落引用とした．

5.4.1　DMC 沖縄創業の背景

　徳田氏は，1990年，日本を代表する大型複合コンベンションセンター「パシフィコ横浜」（株式会社横浜国際平和会議場，以下パシフィコ）のオープニングスタッフとして入社した．大学卒業後，建設機械メーカーに入社し営業職をしていたが，事情により実家の横浜に戻り，パシフィコの求人募集を見つけた．

　パシフィコが立地するみなとみらい21地区は，当時はまだ埋め立てによる再開発の真最中で，各地でくい打ちをしているような状況であった．パシフィコ設立は1987年6月，会議センター・ホテル建設工事着工が1989年10月，落成記念式典開催，本格的に営業を開始するのが1991年7月である．国立大ホールが

完成し，マスタープランの施設がすべて揃ったのが1994年4月であった．徳田氏は当時を回想し，ほこりだらけの街で，開業当時も，色々な人から苦情をいただいて大変だった，と話す．

　徳田氏は米国・サンフランシスコにあるモスコーン・センターという展示施設を管理するSMG社（当時の名称．2019年にAEG Facilities社と合併し，現在はASM Global社）での勤務経験がある．研修名目で1箇月程度さまざまなマネージャーにつき，コンベンションの施設運営の業務を知る機会となった．SMG社は，米国のコンベンションやイベント，博物館のような公共施設の管理運営マーケティングを行っており，当時でも120～130箇所を運営していた．そこでDMCという業態が活躍しているところを知ることとなった．

　また，パシフィコのプロモーションで財団法人横浜コンベンション・ビューロー（当時の名称．1998年4月に「横浜国際観光協会」と「横浜コンベンション・ビューロー」が統合し「財団法人横浜観光コンベンション・ビューロー」となる）と一緒に海外に出張し商談会に参加すると，DMCの存在があり，そのような業態の必要性を感じた．すでに米国では業界団体として，MPIやSITE（Society for Incentive Travel Excellence）などがあり，またパシフィコはICCA（International Congress and Convention Association）に所属していたが，それらが紹介しているサプライヤーのカテゴリーにはDMCが明記されており，明確にその存在が認識されていることに気づいた．

　一方，「日本のMICE市場はずいぶん違っており，DMCはまだなくランドオペレーターやトラベルエージェントしかなかった」．またDMCは，PCOとも異なり，コーポレート系の仕事として全然視点が違っており，そういう意味でDMCという存在が重要だったと考えるようになった．

　そして，パシフィコ勤務時の顧客からの要求は徳田氏にDMC設立の必要性を思わせた．

　　パシフィコではお客様からいろいろな企画を求められた．今で言う，

「ユニークベニュー」を紹介してほしい，と言われても，当時は少なかった．せっかくパシフィコで表彰式をやっても，翌日ディズニーランドに行く，では，横浜には経済的な効果が生まれない．それでは何のために国際会議を誘致して開催しているのか，何のために税金を投入しているのか，という感覚を持つようになった．そして，おそらくこれは横浜だけに限らず地方都市はみな同じような悩みを抱えているのではないか，そのようなことをパシフィコの勤務経験を通じて学ぶことができたので，どこかで還元しないといけないなと思った．しかしパシフィコという組織の中でやっている限りはいろいろな限界もあるため，DMC を興こそう（徳田氏への筆者によるインタビュー，2021年10月25日，於沖縄ハーバービューホテル）．

徳田氏はこのような考えに至り，DMC の設立を決意した．

5.4.2　創業時期

徳田氏は2006年 4 月ごろに「平成18年度沖縄県中小企業支援計画」の財団法人沖縄県産業振興公社が担当する「ベンチャービジネスサポート事業」の公募をみて応募し，5 月末に審査に通り，9 月に「株式会社 DMC 沖縄」を起業，同月末にはパシフィコを退社した．DMC の事業計画を思い立った背景は以下のとおりである．

コンベンションがどうしたら地域にいろいろ潤いを与えることができるのか，実際にコンベンションに参加する人たちが，地域の人たちと交流しながら，どうしたら地域のためのビジネスになるのか，といったことを体現するために，また，日本で MICE という言葉も入ってきており，そういう意味で，コーポレート系のコンベンションが重要になってくるだろう，だったら DMC という業態が必要になるんじゃないか（徳田氏への筆者によるインタビュー，2021年10月25日，於沖縄ハーバービューホテル）．

2006年に DMC 沖縄を設立してから「DMC や MICE といったことを世の中が言い出すまでには時間がかかり，その間は，経営はかなり大変だった」．しかし沖縄県は，文化観光スポーツ部が2008年に策定した「ビジットおきなわ計画――世界水準の観光リゾート地の形成に向けて――」において，4つの「誘客の重点項目」の1つを「MICE の誘致推進」とした．沖縄県が MICE の旗振りをすることにより，特に観光産業中心の関係者間で MICE に関心が高まり，人材育成の事業では約200人が集まるまでになった．

5.4.3　DMC 沖縄の事業実態

DMC 沖縄の顧客は，約半数が外資系企業などからの直接の取引，約半数が発地側の旅行会社となっている．日本企業からの仕事については，旅行が伴うものについては，DMC よりも日本の旅行会社に手配が依頼されるケースが多い．

営業方法としては，積極的に海外の MICE 系のトレードショーや，日本政府観光局（JNTO）が開催するセミナーなどに参加している．「設立当初から継続的に参加しているので，海外のネットワークもできる．その結果，企業だけでなく，インセンティブハウスなどからも話が来る[5]」という．

また，DMC 同士のネットワークがあり，開催地から他の開催地に行くような企画の場合にも，他の DMC に現地の手配業務を依頼することがある．つまりその場合は沖縄発のアウトバウンドの仕事となる．

DMC の国際的な主なネットワークは3団体あり，日本の旅行会社が加盟しているが，DMC 沖縄はどのネットワークにも加盟していない．一方，徳田氏は日本の中で DMC ジャパンネットワークという DMC のネットワークを2010年に設立した．DMC ジャパンネットワークとしてトレードショーに出ると，商談が生まれてくる．これまで参加してきた主なトレードショーは，IBTM World（旧 EIBTM，開催地バルセロナ），IMEX（同米国，欧州），C & IT（同シンガポール），IT & CMA（同タイ）が挙げられる．

　徳田氏によれば，沖縄はグローバル企業のアジア太平洋地域の集まりの場合に目的地として選ばれることが多く，また，欧州からのインセンティブ旅行は，沖縄と東京を組み合わせて開催されることが多い，とのことである.

5.4.4　DMC の価値と意義

　徳田氏は「自らが沖縄のプロモーションをすることではなく，MICE 開催地としての沖縄の価値を高めること」，そして，「沖縄の幅広い事業の人たちにMICE に関心を持ってもらい，そこに各自が商機を見いだしてもらい，DMC沖縄と一緒に取り組んでもらう」ことが一番重要であると考えている. そしてDMC 沖縄の事業計画の策定に至った経緯として沖縄県から DMC ビジネスを勧められたことがきっかけでもあったため，会社設立当初から沖縄県庁や沖縄観光コンベンションビューロー（以下，OCVB），沖縄県産業振興公社などと協業してさまざまな取り組みを行ってきた.

　たとえば DMC 沖縄は MICE の人材育成関連の事業を約13年間継続しており，また，MICE の商品開発についてもワークショップを開催し，個別の市町村から商品開発の依頼を受けることもある.

　そして近年は「沖縄の MICE のブランディングをきちんと進めよう」，「MICE における持続可能な取り組みなどを，地元の事業者だけでなく，実際に沖縄を選択する主催者などにも訴えかけ，一緒になって沖縄の持続可能なMICE 開催に協力してもらおう」と考えている.

　そのような活動をする理由について徳田氏は以下のとおり考えている.

　　開催地としての沖縄の価値が高まり，その結果として，沖縄を選んでくれる個別の案件が生まれてくる. そうすると，次は，MICE をつくり上げるためのノウハウが重要になってくる. MICE の成果は，主催者だけでなく，その参加者に与えることが必要になる. これまで学んできたことを着実にこなして，そこに地域のいろんな人に参画してもらうことが大きな事

業になる．そのための畑を耕す，という仕事もとっても重要である（徳田氏への筆者によるインタビュー，2021年10月25日，於沖縄ハーバービューホテル）．

2007年に，徳田氏はMICEの啓発活動のため「明日のMICEを考える沖縄の会」を設立した．5.1.1節で述べたMICEビジネスの専門家である浅井新介氏にも協力をもらい，OCVBや沖縄県関係者，民間事業者も含めて約120名が集まり勉強会などを行った．

2009年には「沖縄MICEコンテンツトレードショー in 沖縄コンベンションセンター2009」が開催された．徳田氏がパシフィコにいたころ，自主企画を行っていた経験をもとに，沖縄コンベンションセンターに企画を持ち込んだことが契機となった．当時はOCVBが指定管理を受け沖縄コンベンションセンターの運営をしており，会場を無料で借りられるよう徳田氏が交渉し，民間事業者が商品を準備し「会場をにぎやかにつくりトレードショーをやろう，沖縄をアピールしよう，いろいろなバイヤーに来てもらおう」と考え開催に至った．翌年からは沖縄県が予算を獲得し，バイヤーを招聘するなどに発展する．徳田氏は，そのような取り組みは参加する事業者同士がお互いに切磋琢磨する場にもなるという．

このような取り組みの成果は，沖縄県でのMICEの開催件数において7割以上がインセンティブ旅行となっているという点に表れている，と徳田氏は考えている．実際，2019年の沖縄県におけるMICE開催件数は1638件，うちインセンティブ旅行は1191件と72.7％，コンベンション・カンファレンスは216件，13.2％であった（沖縄県 2019）．

沖縄県は，2017年に「MICE振興戦略」を策定した．その戦略を推進する母体として，産官学が連携して「沖縄MICEネットワーク」を設立した．その事務局は沖縄県庁，OCVB，沖縄県産業振興公社の3社であるが，現在は，会員数が200事業者を越えている（2021年4月1日現在，211企業・団体（個人を含む）の会員が加盟）（沖縄MICEネットワーク 2021）．「沖縄MICEネットワーク」は，現

在，企業単独では解決できないような課題，たとえばコロナ対策を MICE の
かかわりの中で，県全体でどう取り組むかといったガイドラインの作成などの
活動を行っている．

5.4.5　DMC 沖縄の今後の活動について

　徳田氏は，2010年に「DMC JAPAN Network」を設立し，現在は名古屋，
広島，札幌，大分に拠点を持つ DMC が加盟している．さらに沖縄に加えて横
浜に DMC を設立した．共同でプロモーションを行い，DMC ビジネスのノウ
ハウの共有や人材育成など，お互いが地域の価値づくりを目指している．今後
については，ネットワークを充実させ，日本の多様性を表せる仲間で集まり，
可能であればお互いに顧客を紹介し合えるような関係を構築していきたい，と
徳田氏はいう．

　沖縄県における DMC を核とした MICE 発展に関して，本節で記載した主
なできごとを表5-1にまとめた．

表5-1　沖縄県における DMC を核とした MICE の発展

時　期	主なできごと
2006年	9 月　株式会社 DMC 沖縄　設立
2007年	「明日の MICE を考える沖縄の会」設立
2008年	沖縄県「ビジットおきなわ計画——世界水準の観光リゾート地の形成に向けて——」策定：4 つの「誘客の重点項目」うちの一つに「MICE の誘致推進」が掲げられた． 3 月　沖縄県「第 3 次沖縄県観光振興計画　平成20年 3 月」 　　　MICE 誘致の推進が初めて掲げられた． 　　　MICE 機能および受け入れ態勢の充実
2009年	2 月　「沖縄 MICE コンテンツトレードショー in 沖縄コンベンションセンター2009」開催 12月　「沖縄 MICE プロジェクト2009」開催
2010年	12月　「DMC JAPAN Network」設立
2016年	「平成28年観光要覧（沖縄県平成29年 9 月）」の「沖縄県の観光行政関係資料」に「沖縄県内の MICE 開催実績」が初めて記載された．
2017年	沖縄県「MICE 振興戦略　2017年度〜2026年度」策定 7 月「沖縄 MICE ネットワーク」設立

出所：徳田氏へのインタビューおよび公開資料を基に筆者作成

📍 5.5 　考　察

　これまでの調査結果から，沖縄の MICE 開催地としての発展過程における取り組みの因果関係を図示してまとめたものが**図 5 - 1** である．

　徳田氏は，DMC という存在を知り，DMC がその事業を通じて開催地域全体に経済的なメリットを波及させることができること，そして大事なことは沖縄の MICE 開催地としての価値を高めることであると考えた．そして DMC 沖縄の設立以降，MICE の意義を啓発する活動が「明日の MICE を考える沖縄の会」であり勉強会などを開催した．そして関係者が一堂に会し商品サービスを披露する場として，「沖縄 MICE コンテンツトレードショー」が開催され

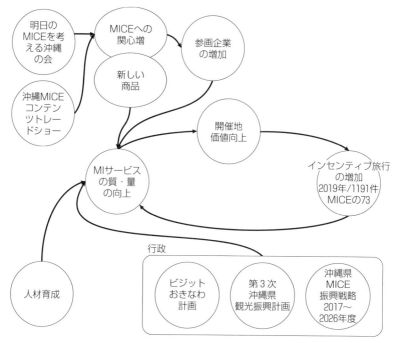

図 5 - 1　DMC に関連する沖縄 MICE の因果関係図

出所：徳田氏へのインタビューおよび公開資料を基に筆者作成

た．それらによって，幅広い関係者に MICE への関心が持たれ商品開発が促進され，MICE に参画企業も増えていった．また行政は MICE を政策として掲げて振興した．それらの動きが会議やインセンティブ旅行の質的，量的な向上につながり，沖縄の MICE の開催地としての価値を高め，開催地として選択される機会につながり個別の案件も増えていった．

　この事例に基づく MICE の取り組みと因果関係をもとに，観光地の発展過程を考察しモデル化し，もたらされる効果を示したのが図5-2である．啓発活動は MICE への関心を高め，参画企業の増加につながり，MICE 関連のサービスの質的，量的な向上につながっていく．それが開催地としての価値を高め，MICE 開催地として選択され案件が増加し，沖縄の MICE 開催地の競争力の向上をもたらすことになる．また MICE 案件が増加し訪問者が増えれば，開催地の認知度が向上し，沖縄のブランド力の向上という効果をもたらす．さらに MICE の件数増加はサービスを提供する企業の発展，そして MICE 産業の拡大・発展につながり，それによって地域の雇用を創出し，地域への経済

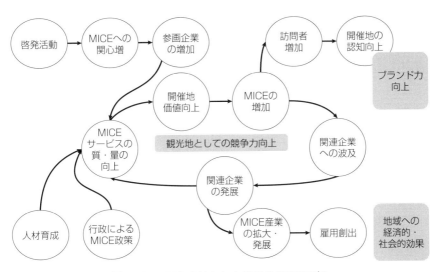

図5-2　DMC を核とした観光地発展モデル

出所：筆者作成

的，社会的な効果をもたらす．また人材育成の取り組みや行政による MICE
振興政策は MICE サービスの向上に貢献する．このような一連の取り組みを，
DMC を核とした観光地発展モデルとして提示したい．

⑨ 5.6 まとめ

　本章では，まず先行研究のレビューから，DMC の用語の定義と使われ方を
整理することにより DMC が MICE を取り扱う専門性を持った事業であるこ
とを確認した．そのうえで，DMC 沖縄を事例として，沖縄における DMC の
活動を明らかにし，取り組みの因果関係を整理して図示しまとめた．DMC 沖
縄は，行政や関連する企業など多様な関係者を巻き込みながらデスティネー
ションとしての沖縄を拠点としてさまざまな取り組みを行った．そしてそれら
の活動を通じて，沖縄の幅広い事業の人たちに MICE に関心を持ってもらい，
MICE 開催地としての沖縄の価値を高めることを志向し，DMC 沖縄がインセ
ンティブ旅行のデスティネーションとして発展するための "触媒" のような役
割を担った．さらに今回取り上げた事例を基に考察し，DMC を核とした観光
地発展モデルの提示を試みた．そこでは MICE の啓発活動から始まる取り組
みが，観光地としての競争力向上，ブランド力向上，そして地域への経済的・
社会的効果をもたらすことを示した．

　一方で先行研究のレビューにより，DMC が MICE 分野だけの取扱いにとど
まらず，旅行商品やツアーの造成などのランドオペレーター業務を行うなど，
ITO としてとらえられていると指摘されていることがわかった．

　そこで以上より，DMC を，その業務範囲に MICE 分野だけでなく観光性需
要も含みながら，観光地マネジメントの役割の一端を担うビジネス主体として
定義したい．

　以上，第 4 章および第 5 章では，事例研究により，それぞれレジャー目的の

旅行を扱う ITO, ビジネス目的の旅行を扱う DMC について, 地域旅行ビジネスのビジネス主体として地域の観光の発展において果たしてきた役割を明らかにした. 次章では, これまでの結果を踏まえ, 地域旅行ビジネスの役割についての包括的理解のための枠組みを明らかにするために総合的に考察し本書の結論を導く.

注

1) MICE の定義については第 1 章1.3節にて述べたが, 本章の内容に大きく関連する用語のため, 以下再掲する.「企業等の会議（Meeting）, 企業等の行う報奨・研修旅行（Incentive Travel）, 国際機関・団体, 学会等が行う国際会議（Convention）, 展示会・見本市, イベント（Exhibition/Event）の頭文字のことであり, 多くの集客交流が見込まれるビジネスイベントなどの総称」とする（観光庁 2021）.

2) DMC 沖縄は, 2009年に「デスティネーションマネジメントカンパニー」を商標登録した（区分16, 41, 43）.

3) ビジネス旅行分野の分類については, 1）業務のため任意に発生する「出張旅行」（狭義のビジネストラベル）と, 2）旅行の企画をする組織が別にあり, その企画に参加する形での旅行である「MICE」, の 2 つに大別することができる（小林 2005）.

4) イノベーティブ・ミリューは, 特定の地域内において, 集合的学習を生み出し, 仲間が増え, 非言語コミュニケーションが増えることによりイノベーション・プロセスにおける不確実性を軽減させる生産および産業システムにおける一連の関係性と定義される（野澤 2020）.

5) インセンティブハウスとは, インセンティブ（報奨）旅行を専門に扱う旅行サービス企業を指す（浅井 2015, pp. 26-27）. 観光流通チャネルにおけるインセンティブハウスの役割については, 第 2 章2.3.1項を参照のこと.

第 6 章

2つの共創的役割

—— 流通共創と地域共創 ——

　本章では地域旅行ビジネスが地域において果たす役割を包括的に理解するための枠組みについて考察し本書の結論を導く.

6.1　地域旅行ビジネスとは

　第3章では地域旅行ビジネスの発展過程を論じたが，その概要は次のとおりであった．まず旅行の近代化の幕開けとともに，比較的早い時期から旅行目的地となる地域において旅行サービスビジネスが行われていたことがわかった．つまり，19世紀後半の黎明期にはトマス・クック社は，英国の顧客を欧州大陸やエジプトに送り出すときに現地の手配のために拠点をジュネーブやカイロに設置した．日本では1908年に朝日新聞社が「世界一周会」を開催した際には，クック社が地域旅行ビジネスとして海外の旅行サービスの手配を行った．揺籃期には日本人の海外旅行の現地手配を外資旅行会社（TO）が行っていた．日本人の海外観光渡航自由化以降の成長期には，パッケージ旅行が普及し始めたことを背景に，1972年に旅行業法改正がなされ，1974年には海外における現地手配事業の業界団体である「海外ツアーオペレーター協会」が発足するなど，観光地を拠点とする旅行サービスビジネスの制度が整い事業が拡大していった．観光の大衆化，つまりマスツーリズムの実現に，レジャー目的の旅行分野におけるインカミング・ツアーオペレーター（ITO），ランドオペレーター（LO）がその役割の一端を担ってきた．転換期には旅行市場が成熟化，多様化し，ビジネス分野に専門性を持つデスティネーション・マネジメント・カンパニー（DMC）が誕生し，発展期にはLOやDMC自体も多様化していった．

　このように観光市場の発展と変化によって観光地側で旅行サービスの手配を行うビジネスは多様化し，それを表す呼称はそれぞれ異なっていた．具体的には対応する市場や手配する内容がレジャー目的やビジネス目的など旅行の分野ごとに違い，ビジネス主体の呼称もレジャー分野はITOやLO，ビジネス分

野においてはDMCが使用されていた．そしてそのような異なるビジネス主体は，いずれも旅行目的地を事業拠点としているという共通点を持っているが，その視点から統一して用いられる呼称はこれまではなかった．そこで本書では，上述したようないろいろな用語で呼ばれている，旅行目的地としての地域を拠点とする旅行サービスビジネスを包含して，統一的に地域旅行ビジネスと呼び，本書の研究対象とした．

　地域旅行ビジネスに含まれるいずれのビジネス主体にも共通な特徴は，地域のサプライヤーや関係者が提供するサービス財を組み合わせて消費者や発地のインターミディアリーに提供する，という役割である．そしてその役割の中に，観光地域を拠点としなければ実現することができない業務，あるいは遂行することが困難な業務があった．そのような業務は発地を拠点とするTOなどのインターミディアリーではなく，地域旅行ビジネスこそがその業務を遂行する役割を担うことができる．

　具体的には第4章ではレジャー旅行分野の地域旅行ビジネスとしてのITOの事例から「共創型着地型観光」を新たに定義した．すなわち，着地側で発地との関係性を構築・維持しつつ，地域における多様な関係者を巻き込んで，社会関係性の経験を地域独自の観光商品として創造する一連のプロセスのことである．そのプロセスの中で，ITOは地域活性化を志向し観光地域外との関係性をもって観光地に動的な変化をもたらし，イノベーションや経済的な効果を生み雇用を創出する役割を担っていることを示した．

　そして第5章では，沖縄においてビジネス旅行を取り扱う地域旅行ビジネスであるDMCを取り上げ，DMCを核とした観光地発展モデルを提示した．そこでは沖縄がMICE開催地として発展する過程において，DMCが発展を促進する触媒としての役割を担ってきたことを示した．具体的には，DMCが行政や関連する企業など多様な関係者を巻き込みながら，沖縄において幅広い事業の人たちにMICEに関心を持ってもらい，MICE開催地としての沖縄の価値を高めることを志向し実現した．

　では地域旅行ビジネスは，観光地域を拠点とすることにより，なぜ地域の関係者を巻き込みながら観光地の発展に貢献する活動ができるのか．言い換えれば，旅行サービスビジネスが観光地域側に事業の拠点を持つことの意味はどこにあるのか．それを考察するために地域側に焦点を絞り，地域旅行ビジネスが対峙すべき関係者やサプライヤーとはなにかを次節で考察する．

6.2　地域旅行ビジネスのサプライヤー的役割について

　第2章の既存研究のレビューでは，観光流通チャネルは消費者とサプライヤー，そしてその間に立つインターミディアリーという要素から構成されていることを論述した．また，情報技術やインターネットが発展し，旅行形態が団体旅行から個人旅行に変化し個人の観光経験が重視されるようになる中で，観光流通チャネルの構造や地域旅行ビジネスのビジネスモデルがさまざまな影響をうけていることが指摘されていた．そのような指摘の一つが，これまで消費者と対峙してきたトラベルエージェンシーやツアーオペレーター（TO）といったインターミディアリーが不要となるという指摘である．つまり旅行素材を提供するサプライヤーがインターネットなどを活用して消費者と直接取引することが可能となり，消費者がインターミディアリーを活用する必要がなくなることを意味している．しかし先行研究（2.3節）で見たとおり，情報技術の発達は，インターミディアリーの数を減らすというよりは，新しいカテゴリーのインターミディアリーがウェブサイトを活用した複雑な流通構造をもたらし，消費者の購買プロセスをより複雑にするような影響を及ぼしている，という指摘がなされている（Kracht and Wang 2010）．そのような状況下において，地域旅行ビジネスにはどのような影響が考えられるだろうか．

　地域旅行ビジネスは事業活動の拠点となる地域において地域活性化を志向し，地域の社会関係資本を活用しながらビジネスとして主体的に旅行商品企画を行っていた（第4章4.4節）．そして一般的には消費者に対して直接的には提供さ

れないような（あるいはそれが難しい）観光の経験は（第1章ではそれを「社会関係性の経験」と呼んだ），地域旅行ビジネスが地域の人的ネットワークなどの社会関係資本を活用することによって商品として企画され，それを消費者に伝えることができ消費者は商品を購入できた．すなわちそれが地域旅行ビジネスの提供価値である．つまり，社会関係性の経験の価値が地域旅行ビジネスを介する流通チャネルを通じて消費者に伝わり，流通チャネルを通じて購入が可能となって初めて消費者が社会関係性の経験（を活用した商品）を享受することができる．このような流通の構造においては，価値を提供する主体となる地域旅行ビジネスの商品企画の活動は，発地のインターミディアリーの存在の有無には影響を受けない．

　わかりやすく例を挙げて説明すると次のとおりである．第4章では，牛飼いが毎朝する散歩に旅行客がついていくという「突き牛さんぽ体験ツアー」を地域旅行ビジネスのビジネス主体の一つであるITOの商品開発の事例としてとりあげた．消費者が牛飼いに電話やインターネットなどで直接予約をするかといえば，牛飼いはそれを受けることは簡単にはしないだろう．なぜなら牛飼いは観光客を相手にすることを生業とはしていないし，ITOと牛飼いとの関係性（つまり社会関係資本）があるからこそ，牛飼いとの散歩が商品として成立し消費者はその商品を購入できるようになるからである．

　このように社会関係性の経験を商品化できるということが地域旅行ビジネスの提供価値とすれば，地域旅行ビジネスは観光流通チャネルにおいて消費者とサプライヤーの間に立つインターミディアリーというよりは，サプライヤーとしての位置に立っているともいえる．それはレストランが野菜を利用して料理を提供する場合に例えられる．レストランは消費者と野菜（を作る農家）の間に立つインターミディアリーであるというよりは，一般的には食事を提供するビジネスを行うサプライヤーとして理解されるだろう．また，消費者がインターネットでその野菜を直接購入できるといってレストラン業が不要となるとは言われない．レストランは料理や食事箇所という価値を提供するサプライヤーな

のである．この例えと同様な視点で，観光流通チャネルにおいても地域旅行ビジネスが不要とされるという結論は必ずしも自明ではなく，牛飼いと ITO の社会関係性から生まれる商品の事例は，地域旅行ビジネスとしての ITO がサプライヤーとしての提供価値を持っているケースと考えられる．

　以上の議論を基にしてサプライヤーの分類を検討すると，提供価値の視点から 3 つに区分できる．一つ目は，自らの商品サービスを直接的に消費者と接して提供することを価値とするサプライヤーである．二つ目は，そのようなサプライヤーが提供する商品サービスを組み合わせることにより新しい商品を創出し消費者に提供する役割を担うサプライヤーである．ここでは前者を 1 次サプライヤー，後者を 2 次サプライヤーと呼ぶこととする．

　1 次サプライヤーは，旅行目的地における宿泊業者や飲食業者，交通事業者，観光施設の運営事業者など，また MICE 分野においてはチームビルディング[1]企画運営会社やイベント企画会社などが含まれる．組織形態としては主に営利企業であり，提供価値は自社の商品サービスそのものにある．

　2 次サプライヤーは ITO や DMC などの地域旅行ビジネスである．その提供価値は 1 次サプライヤーの商品サービスを組み合わせて新しい商品を創造し，流通チャネルを活用して消費者に提供することにある．組織形態としては営利企業が主である．

　さらに，三つ目の区分として，1 次サプライヤーと 2 次サプライヤーの双方の提供価値を持つものである．たとえばエコツアーやサイクリングツアーのようなガイド付きツアーは，ガイディングというサービスを直接消費者に提供するという意味においては 1 次サプライヤーとしての特徴を持っている．しかし第 4 章4.4節でも述べたとおり，ガイド付きツアーの途中で飲食店に立ち寄る，伝統工芸体験をするなど他の旅行経験を組み合わせて一つのツアー商品とすることがある．その場合には 1 次サプライヤーが，観光の経験を組み合わせて新しい商品を創造するという 2 次サプライヤーの価値提供を行うことになり，その結果，1 次サプライヤーと 2 次サプライヤーの提供価値を併せ持つこととな

る．そのようなタイプのサプライヤーを，ここでは１次サプライヤーにさらに
２次サプライヤーとしての提供価値が加わったことを表すため「付加価値型サ
プライヤー」と呼ぶ．

　また，１次サプライヤーは提供主体によってさらに２つのタイプに分けるこ
とができる．一つ目は宿泊業者や飲食業者など，従来から旅行商品の構成要素
となっていた観光事業者や MICE 関係の事業者が価値提供主体となるケース
である．もう一つは，地域における社会関係性をベースにして初めて提供され
うる経験，つまり社会関係性の経験を提供するサプライヤーである．ここでは
それを「社会関係性サプライヤー」と呼ぶ．

　社会関係性サプライヤーは，たとえば第４章の事例では隠岐旅工舎が活用す
る旅行素材として，観光客と散歩をする体験を提供する牛飼いが該当する．ま
た第５章では MICE に対して新たに関心を持った，観光事業者以外の関連企
業や関係者が相当する．また，ニューツーリズムや着地型観光の取り組みにお
いても社会関係性サプライヤーが現れる．たとえば酒蔵ツーリズムにおいては
酒蔵が，CBT（Community-based Tourism）ではコミュニティが，そして伝統芸
能の継承者などが，社会関係性サプライヤーに該当する．

　社会関係性サプライヤーの特徴は，自らは直接消費者と結ぶ流通チャネルを
もたず，付加価値型サプライヤーまたは２次サプライヤーが社会関係性サプラ
イヤーの代理となって消費者に情報を提供し商品として取り込んで販売する．
商品の開発や経験の品質向上などに対しては付加価値型サプライヤーや２次サ
プライヤーが社会関係性サプライヤーに対して支援を行うことがある．もちろ
ん観光の現場においては社会関係性サプライヤーが観光客に直接対峙しサービ
ス提供を行う．その意味で社会関係性サプライヤーを１次サプライヤーに区分
した．

　また，消費者への告知や商品の販売というマーケティング活動の観点では，
インターネットが発達し直接消費者にアピールする手段が得られたとしても，
社会関係性サプライヤー自らが積極的，継続的に自らの時間を使って告知活動

をすることはしないだろう．なぜならば，すでに述べたとおり社会関係性サプライヤーにとっては販売活動をすることは生活基盤となる本業ではないからである．同様な理由により，社会関係性サプライヤーにとって観光客への商品提供を継続することも，よほどのモチベーション（動機付け）やインセンティブ（報酬）がない限り難しいだろう[2]．

　したがって，付加価値型サプライヤーや2次サプライヤーが社会関係性サプライヤーと同じ地域に拠点を置き社会関係性を維持してこそ社会関係性の経験が継続的に商品化され，付加価値型サプライヤーや2次サプライヤーを介した流通チャネルが活用されて消費者に届くのである．

　以上，これまで議論をしてきた観光地のサプライヤーをまとめると**表6-1**のとおり4つに分類し説明できる（表6-1）．DMO／観光行政は直接的には観光経験を提供しないが，政策レベルの関係者としてサプライヤーと対比するために表に加えて記載した．

表6-1　観光地におけるサプライヤーの分類

種　　別		1次サプライヤー		付加価値型サプライヤー	2次サプライヤー	※参考
	提供主体	観光事業者	社会関係性サプライヤー			
提供価値		観光の経験	社会関係性から創造される観光の経験	観光の経験／観光の経験の組み合わせツアー	観光経験の組み合わせツアー	観光地のマネジメント／マーケティング
主な組織形態		営利企業	非営利	営利／非営利	営利企業	営利／非営利
具体例		・宿泊業者 ・飲食業者 ・交通事業者 ・チームビルディング企画運営会社 ・イベント企画会社 　　　　等	・住民ガイド ・農家 ・酒蔵 ・伝統芸能継承者 　　　　等	・エコツアー ・サイクリングツアー 　　　　等	地域旅行ビジネス（ITO/DMC等）	・DMO ・観光行政

出所：筆者作成

📍 6.3　2つの共創

　前節までの結果と考察を踏まえ，地域旅行ビジネスの主体とその他の関係者との協業関係を商取引の有無で区別してまとめると図 6 - 1 のとおりとなる（次ページ）．なお，この図においてインターミディアリーは発地のインターミディアリーを示している．また，消費者が旅行サービスを購入する商取引については複雑な流通チャネルが存在しているが，それをここで論じることは，地域旅行ビジネス主体とその他の関係者との協業関係を示すという主旨からは外れるため，図を簡略化するために消費者とインターミディアリー間の商取引のみを表し，他の商取引は省略した．

　まずレジャー分野では，消費者が発地を拠点とした，あるいはインターネット上のインターミディアリーを通じて観光商品を購入する．発地のインターミディアリーは地域旅行ビジネスと取引を行い，商品サービスを企画・販売する．また地域旅行ビジネスを通さずに直接 1 次サプライヤーである観光事業者と取引をすることもある．地域旅行ビジネスは地域（着地）において， 2 次サプライヤーとして 1 次サプライヤーである観光事業者と社会関係性サプライヤーと取引を行っている．そして，地域旅行ビジネスはインターミディアリーを通じて複数の流通チャネルの中でさまざまな関係者と協業をしながら地域の商品を流通する役割を果たしている．つまり地域旅行ビジネスは地域の商品を発地に届けるために，流通チャネルを構成する関係者と共にまたは自ら流通チャネルを創り，その事業の継続性を通じて観光地域に持続的な経済的な貢献をもたらしている．ここではそのような地域旅行ビジネスの役割を「流通共創的役割」と呼ぶ．

　一方，地域旅行ビジネスと地域の関係者の間には商取引のない協業関係が構築されている．地域における 1 次サプライヤーや DMO，観光行政との間に生じている関係である．つまり地域旅行ビジネスには事業拠点とする観光地にお

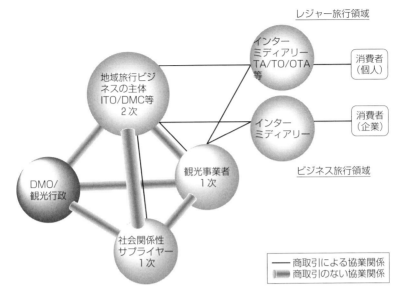

図6-1　地域旅行ビジネスとその他の関係者との協業関係
出所：筆者作成

いて観光事業者だけでなく住民ガイドや農林水産業，またDMOや行政なども
含めた多様な関係者との関係性を構築する機会が生じている．発地を事業活動
の拠点とするのではなく，着地に根差しているからこそ，そのような地域の関
係者との協業の機会の創出と活用の可能性が高くなると考えられる．つまり地
域旅行ビジネスは地域における社会関係資本を持続的に活用できると言い換え
ることができる．このように地域旅行ビジネスが地域に拠点を置くことにより
社会関係資本を活用して事業を営み観光地域へ貢献する役割をここでは「地域
共創的役割」と呼ぶことにする．

　地域共創的役割により社会関係資本が持続的に活用される機会が地域にもた
らされるようになれば，活用されること自体が社会関係資本の維持拡大を促す
だろう．そして希望的には住民が主体となって進められる観光がもともと目指
していたこと——それは地域の宝を掘り起こすことであったり，シビックプラ
イドの醸成であったり，観光と直接的には関係のないことも含まれる——の実

現につながることも考えられる.

そしてこの2つの役割は独立して存在するのではなく,重なり合うように（重層的に）存在し，2つの役割同士で相互作用を受けそれぞれの役割が自己強化されるフィードバックループを有している.

まず地域旅行ビジネスは旅行商品の流通においては，TOなどの発地のプレイヤーからの受託業務をビジネスとしていた．しかし地域共創的役割を有することによる地域の関係者との協業の結果，従来の旅行素材に加えて地域の資源を掘り起こして活用する商品，つまり「社会関係性の経験」を商品としてTOやオンライン旅行会社（OTA）に対してより主体的に積極的に提案することができる．つまり流通共創的役割を強化する作用として働く.

ややもすると地域において住民や行政，DMOが主導する観光経験の場では，旅行サービスビジネスは伝統的な（＝古臭い）ビジネスモデルとしてあまり注目されず活躍の場が少ないとされがちであったかもしれない．しかし流通共創的役割を果たすことにより，着地型観光の取り組み等で掘り起こされた地域資源を旅行商品として消費地に告知したり届けたりすることができる．掘り起こされた地域資源が地域外の人たちに経験されることによって，地域住民が観光を進める動機付けにもなるだろう．また流通共創的役割により歴史文化自然といった地域資源が活用される場が提供され維持保全につながれば，社会的な貢献を果たすことになる.

また，地域旅行ビジネスが活用しているさまざまな観光流通チャネルを通じて得られる情報や知見を通じて，変化のスピードの速い市場の動向や，消費者やOTAなどの声を地域に届けることができる．そしてそれがさらに地域において新しい発想を生む好循環を生み出す触媒となる．その結果，商品流通やマーケティングの専門家ではない地域の関係者にとって，地域旅行ビジネスが頼れるプレイヤーともなり地域の一員として地域との関係性も強化される．つまり地域旅行ビジネスの地域共創的役割を強化する作用として働く．以上を図示したものが図6‐2である.

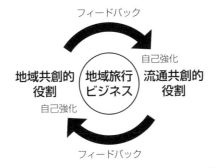

図6‑2　地域旅行ビジネスによる価値提供
出所：筆者作成

📍 6.4　まとめ
——地域旅行ビジネスの重層的共創仮説——

　以上の考察から本書の目的の一つとした，地域の観光の発展における地域旅行ビジネスの貢献と役割を包括的に理解するための枠組みを提示することに対する結論が導かれる．地域旅行ビジネスは観光流通チャネルや着地型観光の取り組みの中でその一端を担っているが，それを実現するためのさまざまな役割は個別に理解されるだけでは不十分である．すなわち，地域旅行ビジネスは地域共創的役割と流通共創的役割の2つの重層的な役割を併せ持っているという枠組みによる理解が必要である．この2つの共創的役割を合わせ持つことによりそれぞれの共創的役割が自己強化される性質を持つ．そしてそのことによって観光地の価値を高めていく活動である観光地マネジメントの一端を担う．地域旅行ビジネスをこのような枠組みにより包括的に理解できるという仮説を，地域旅行ビジネスの「重層的共創仮説」と呼ぶこととする（図6‑3）．

　ここでこのような考察が，地域旅行ビジネスの役割に対する従来の認識を変えること，地域旅行ビジネスが観光による地域の発展のイノベーションを導く役割を担うことの2点を指摘したい．すなわち，これまで地域旅行ビジネスに

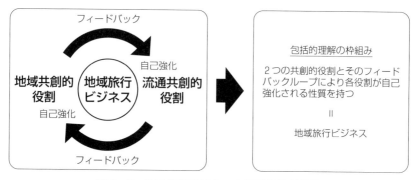

図6‑3　地域旅行ビジネスの重層的共創仮説

出所：筆者作成

対する単純な理解のされ方として，発地の旅行会社と取引をしているので地域
の旅行商品を流通させることができる，旅行商品のノウハウを持っているので
「いい」着地型旅行商品をつくるための支援ができる，といった認識レベルが
あるとするならば，今後，地域旅行ビジネスに対する認識はそのレベルにとど
まらない．地域旅行ビジネスが持つ2つの共創的役割のフィードバック機能に
より，観光流通チャネルの中核が，発地を拠点とする TO から観光地域を拠
点とする地域旅行ビジネスに移っていく．それは「発地からの観光流通」から
「地域からの観光流通」への移行，とも表現できる．そしてそれは地域旅行ビ
ジネスが地域の一員として地域活性化の取り組みや着地型観光に貢献する姿が
ベースになっている．地域旅行ビジネスがこれまでマスツーリズムの実現を
担ってきた「発地からの観光流通」を革新し，地域の発展に資する「地域から
の観光流通」の構築に貢献するのである．

　以上の総合考察を踏まえ，最後に地域の持続的な発展に貢献する観光地マネ
ジメントのあり方について一つの考え方を提案したい．地域旅行ビジネスが主
体的に市場とつながることにより地域に経済的な効果がもたらされ，地域の関
係者との共創により地域に社会的な効果がもたらされる．そのような重層的な

共創的役割を果たす地域旅行ビジネスを地域において振興するためには，起業機会の創出や起業家育成といった産業創出・振興のための制度が重要になる．今後，国際的な観光や交流の拡大が予想される中で，新しい地域旅行ビジネスが生まれその役割の一端を担うことにより，地域における雇用の受け皿となり地域活性化にもつながるだろう．そこで観光地マネジメントや観光地の競争力向上に資する取り組みとして，観光地マネジメントとビジネスの育成・支援をDMO が担い，旅行ビジネスの推進を地域旅行ビジネスが担うという役割分担による協業スキームを構築し，その発展によりツーリズム・エコシステムを形成することを提案したい．つまり DMO と地域旅行ビジネスのミッションを明確に区分し，DMO は旅行ビジネスを自らの主な活動領域とはせず，起業（アントレプレナーシップ）促進や中小企業を支援育成する役割とする．そして地域旅行ビジネスは地域の一員となって関係者と一緒にすすめる取り組みによって，社会関係性の経験も含めた，旅行者の満足度が高い観光の経験を商品として市場に流通させる役割を担う．それによって地域旅行ビジネスは観光によるまちづくりを戦略的に推進するパートナーとしての存在意義を持つようになるだろう．そして地域における多様なプレイヤー，つまり地域住民や1 次サプライヤー，付加価値型サプライヤー，2 次サプライヤーなどが相互に関わりをもって地域全体が発展するビジネスエコシステムを形成するための具体的な道筋が描ける．地域における多様な主体が協業しあう姿（ビジョン）は，観光地のリジリエンス（回復力）と持続可能な発展を実現することにもつながるだろう．

注
1）チームビルディングとは，チームの結束を強めたり，チームとしてより良い成果が出せる状態をめざしたりする各種の取り組みのことで（河村 2010, p.34），インセンティブ旅行や企業のミーティングの中のプログラムの一つとして活用される．
2）ただし，一般的に，企業がビジネスの業態変革をすることはありうることであり，その意味において，社会関係性サプライヤーが付加価値型サプライヤーなどにビジネスの業態を変更する，ということは可能性としてはありえることである．

第 7 章

結論：概念，社会関係性の経験，2つの共創

　本章では，第 1 章から第 6 章までの各章にて明らかにした結論と，それらを踏まえて行った第 6 章での総合考察により導き出された本書の結論をまとめる．さらに地域旅行ビジネスについて本書で検討できなかった研究課題と，今後の研究の展望について述べる．

📍 7.1　各章のまとめと本書の結論

　本書は，旅行目的地である地域を事業の拠点として旅行サービスを提供するビジネスを地域旅行ビジネスと独自に呼び焦点を当て，さまざまに展開されている地域旅行ビジネスの発展過程を明らかにすることでその概念を整理し，地域の観光の発展における地域旅行ビジネスの貢献と役割を包括的に理解するための枠組みを提示することを目的とした．そして各章において論考を進めた結果は以下のとおりである．

　まず第 1 章では，地域旅行ビジネスを研究対象とする本書が社会的な背景とどう結びつくのかを論述した．昨今，喫緊の国家的課題である地方創生の流れを受け，観光立国の実現に向けての施策においては，観光産業と地域社会が連携した観光の推進や，観光をエンジンとしたまちづくりが求められている．そうした背景において，地域の人的なネットワークや関係性のなかで創造される観光の経験を消費者に提供することに注目が集まっている．これを，観光関連の企業により提供されてきた従来のサービスの経験とは区別し，本書では「社会関係性の経験」と名づけ，観光客が享受することのできる経験価値としてその重要性を指摘した．しかし社会関係性の経験が観光の価値を高めるとして，その経験はどのようにして消費者に届き，購買されるのか，ということを論考する必要性を指摘した．

　そこでまず観光システム論を見ると，観光システムの要素は旅行者，旅行出

発地，旅行目的地，旅行出発地と旅行目的地を結ぶ交通ルートそして旅行産業から構成される．一方，観光システム論が観光を構成する要素とそれらの関係性，そしてそれらを含んだ全体から観光を解釈しようとすることに対して，システム論的に構成要素を取り上げながら，発地と着地を結ぶチャネル（経路）に焦点をあてたのが，観光における流通チャネルに関する研究＝観光流通チャネル論であった．

　観光流通チャネルは，消費者と生産者（観光のサービスの提供者＝サプライヤー），そしてその間を結ぶ役割を担うインターミディアリー（intermediaries）から構成されている．社会関係性の経験を商品として消費者に届けるためには，マーケティングの専門性をもって経験価値を商品として消費者に提供するインターミディアリーが必要となるということを前提として本研究を進めた．

　既存の観光流通チャネルにおいて地域の観光サービス財を仕立て市場に届ける役割を果たしてきたインターミディアリーは，ツアーオペレーター（TO）であった．しかし，観光地域から離れた旅行出発地を事業の拠点とするTOが，地域の人的なネットワークなどを活用した，地域の新しいサービス財としての社会関係性の経験を商品化し流通チャネルとしての役割を担うことは難しい．また，DMOによる着地型旅行商品の企画や販売も期待されているが，それらは観光庁が定めたDMOの組織のミッションとは異なっている．

　そこで観光流通チャネルを見る視点を，TOを中心とする旅行出発地（発地）から旅行目的地（着地）に移し，地域の持続可能な発展に貢献するプレイヤーとして，社会関係性の経験を商品として仕立て消費者に提供する旅行ビジネスの重要性と可能性に光をあてた．それによって地域の力を引き出し活用する旅行サービスビジネスの存在を浮き彫りにできると考えた．このことを，本書で地域旅行ビジネスを研究対象として取り上げることの背景とした．

　続く第2章では，第1章が本書の社会的な背景を論述したことに対して，観光研究における学術的な背景を論じた．地域旅行ビジネスに関する研究は独立

した研究分野としてはまだ確立していないため，観光流通チャネル論と，観光地側の視点からのアプローチにより先行研究のレビューを行った．

　観光流通チャネルの構成要素としては，消費者と観光地のサプライヤー，そしてその間に立つインターミディアリーに大別される．さらに発地側のトラベルエージェンシー（TA），TO が基本的なプレイヤーとして説明され，地域旅行ビジネスは観光地側のインターミディアリーの一つとされていた．しかし観光流通チャネルを分析した既存研究の多くは TO の役割に言及したものであり，地域旅行ビジネスはこれまであまり研究対象としては注目がされてこなかった．

　一方，地域旅行ビジネスと地域の関係者との協業については，着地型観光に関連する研究において言及されていた．しかし流通の視点と地域における協業の両方の視点を含んで地域旅行ビジネスを包括的にとらえようとする研究は見当たらない．そこで，本書を地域旅行ビジネスを包括的に理解するための枠組みを考察する研究と位置づけ，本研究の特徴と意義を次のとおりとした．

① これまで観光研究においてあまり注目をされなかった，地域を活動拠点とするインターミディアリーである地域旅行ビジネスに焦点を当てた研究であること

② 市場ごとに細分化してとらえられていた地域旅行ビジネスについて，その用語や概念を体系的に整理すること

③ 事例研究を通じて，地域旅行ビジネスの地域の観光発展における貢献を明らかにし，その結果を踏まえた考察により地域旅行ビジネスの役割を包括的に理解するための枠組みを析出すること

　第 3 章は，地域旅行ビジネスの発展過程を通時的な視点から明らかにし地域旅行ビジネスの概念整理を行うことを目的とした．

　分析の結果，地域旅行ビジネスの発展過程は 5 つの時期に区分できた．まず

地域旅行ビジネスは19世紀後半の欧州における近代ツーリズムが始まったころにまもなく出現し，その後，代売による収益事業，旅行手配を行う事業に発展した．この時期を黎明期と呼んだ．その後，TO は請負による海外旅行により収益性が高まり，TO を顧客とする LO 業の役割も重要になっていた．しかしまだ外資系の TO が LO の機能を提供していた．この時期を揺籃期とした．海外旅行自由化後，海外旅行市場が拡大発展する中で，LO が用語として使用されたが，同じビジネスを指す用語としての TO と混在して使用されていた．この時期を成長期と呼んだ．続いて，旅行市場の成熟化により，企業の会議やインセンティブ旅行という特定市場に対応する専門性を持った地域旅行ビジネスとして，DMC という呼称が生まれた時期を転換期とした．そして情報技術の発展や交通網の発展により旅行市場の拡大，成熟化がさらに進むことにより，新しい業容の地域旅行ビジネスが出現し，また既存の地域旅行ビジネスは業容を変化させていった．具体的にはビジネス旅行分野に限らずレジャー市場におけるサービス提供を志向する DMC が出現したこと，そして，インターネットなどの情報技術を活用し，ITO が自ら商品を販売できるようになったことである．この時期を発展期と呼んだ．

　この発展過程を明らかにしたことを通じて，地域旅行ビジネスのビジネス主体としては，TO の受託業務を主とする LO，レジャー分野の旅行を扱う ITO，ビジネス旅行分野を扱う DMC，の3つに大別できることが明らかになった．

　第3章の結果を踏まえ，第4章，第5章では地域の視点から，地域旅行ビジネスと地域との関係性と，地域における観光の進展に果たす地域旅行ビジネスの役割を具体的に示すため，典型的な ITO と DMC を有する事例研究を行った．

　まず第4章では，地域が主体となって進める観光の取り組みとしての着地型観光を取り上げ，その目的を構成する要素を明確にし，その中で ITO が着地型観光の実現と発展に果たす役割について明らかにした．具体的には，「着地

型旅行」の概念が生まれてきた背景を踏まえ，着地型観光の目的を構成する 2
つの要素，すなわち，着地側における旅行商品企画と，観光まちづくりを含ん
でいることを示した．さらに後者の要素が強調されていることにより「着地型
旅行」に代わって「着地型観光」が用語として使用されるようになったことを
明らかにした．そのうえで，ITO である島根県の「隠岐旅工舎」の事例研究
から，着地型観光における旅行商品企画の要素が薄まる中で，旅行商品サービ
スの提供をビジネスとする ITO が地域活性化を志向し，着地型観光の実践を
担っていることを導き出した．これらの結果を踏まえて着地型観光の概念を改
めて考察し，その再解釈として，発地における関係者を含めたバリューチェー
ンを取り入れた「共創型着地型観光」を提示した．それは，地域旅行ビジネス
が発地との関係性を構築・維持しつつ，地域における多様な関係者を巻き込ん
で，地域独自の観光商品を創造する一連のプロセスを指している．その中で，
旅行商品を企画し販売するというビジネスを担うのは地域旅行ビジネスのビジ
ネス主体としての ITO であり，ITO は観光地域外，つまり旅行出発地との関
係性をもって観光地に動的な変化をもたらし，イノベーションや経済的な効果
を生み雇用を創出しうることを見出した．

　第 5 章では，まず先行研究のレビューにより，DMC の用語の定義と使われ
方を整理した．その結果，DMC が MICE 分野に専門性を持つ旅行サービスビ
ジネスであることを確認した．そのうえで，「株式会社 DMC 沖縄」を事例と
して，沖縄における DMC の事業活動を地域との関係性の中で明らかにし，そ
の取り組みの因果関係をまとめた．DMC 沖縄は，行政や関連する企業など多
様な関係者を巻き込みながら MICE のデスティネーションとしての沖縄を拠
点としてさまざまな取り組みを行った．そしてそれらの活動を通じて，沖縄の
幅広い事業者に MICE に対する関心を持ってもらい，MICE 開催地としての
沖縄の価値を高めることを志向した．その結果，DMC 沖縄がインセンティブ
旅行のデスティネーションとして沖縄が発展するための「触媒」の役割を担っ

た．さらに事例を基に考察し，DMCを核とした観光地発展モデルを提示した．
そこではMICEの啓発活動から始まる取り組みが，観光地としての競争力向
上，ブランド力向上，そして地域への経済的・社会的効果をもたらすことを示
した．加えて，DMCは多様な旅行サービスを取り扱い，観光地マネジメント
や観光地の発展・競争力向上への役割を期待されており，その場合にはDMC
の用語はMICEビジネスの扱いだけに限って使用されているものではないこ
とを示した．

　第6章では，第5章までの結論を踏まえて総合的な考察を行った．まず地域
旅行ビジネスが地域を拠点としてビジネスを行うことの意味の重要性を指摘し
たうえで，地域におけるサプライヤーを提供価値の観点から分類した．その結
果，旅行者と直に接し価値を提供する1次サプライヤー，1次サプライヤーの
商品サービスを組み合わせて提供する2次サプライヤー，そして双方の提供価
値を持つ付加価値型サプライヤーに分類した．

　1次サプライヤーは，宿泊業者，飲食業者など従来の観光事業者の他に，地
域における社会的な関係性をベースとした旅行者の経験（「社会関係性の経験」）
を提供するサプライヤーを「社会関係性サプライヤー」と定義した．社会関
性サプライヤーは自らが直接的に消費者とつながる流通チャネルを持たず，付
加価値型サプライヤー，2次サプライヤーを通じて初めてその商品である社会
関係性の経験が消費者に提供されると説明した．

　これらの一連の考察から，本書の結論を以下のとおりとした．
(1)地域旅行ビジネスにおいては，観光の発展過程においてさまざまな形態が
　　生じ，それとともに担い手にはさまざまな呼称が使用されてきた．そして
　　その性格の違いが明らかとなった．大別すると，ランドオペレーター
　　（LO），レジャー目的の旅行を取り扱うインカミング・ツアーオペレー
　　ター（ITO），デスティネーション・マネジメント・カンパニー（DMC）で

ある．

　LO は観光流通チャネルにおいて古くからツアーオペレーター（TO）か
らの受託業務を中心としてきたビジネス主体である．日本では LO に対し
て TO という名称が使用されることが見られるが，LO の業務は TO の主
な業務である旅行商品の企画販売とは異なり，TO からの依頼による旅行
サービスの手配が主である．

　ITO は，旅行目的地としての地域において，訪問する観光客に対して，
社会関係性の経験も含めた，旅行商品の企画販売という TO と同様な業
務を行うビジネス主体である．

　DMC は，旅行目的地としての地域において，ビジネス旅行分野の旅行
サービスを取り扱うビジネス主体である．また，レジャー旅行を取り扱っ
たり，観光地マネジメントの役割を果たしたりすることもある．

(2)地域の観光の発展における地域旅行ビジネスの貢献と役割を包括的に理解
する枠組みを，次のとおり提示した．地域旅行ビジネスは観光地において，
観光流通チャネルにおける共創の役割と地域の関係者との共創の役割とい
う 2 つの共創的役割を担っている．そしてその 2 つの役割は重層的な構造
をとり，それぞれが独立して存在するのではなく，2 つの役割同士で相互
作用を受けそれぞれの役割が自己強化されるフィードバック機能を有する．
このように，2 つの共創的役割をもつという枠組みをもって，地域旅行ビ
ジネスを包括的に理解するという理論を，「地域旅行ビジネスの重層的共
創仮説」とした．

7.2　今後の課題と展望

　本書で取り上げた地域旅行ビジネスを包括的に理解しようとする研究はまだ
緒に就いたばかりである．今後の課題として以下の 5 点を挙げる．

　まず，今回は事例研究により地域旅行ビジネスの重層的共創仮説を導き出し

た．しかし2つの事例のみから一般化することはできない．2つの共創的役割を重層的に地域旅行ビジネスが持ち合わせるための条件はどのようなことによって規定されるのかを明確にする必要がある．それによって重層的共創仮説をより一般化することができるだろう．その点については今後の研究課題となる．

　2点目は，地域旅行ビジネス自体が提供する商品価値そのもののイノベーションについてである．経験価値の実現や地域活性化の取り組みの中で，観光を構成する要素となる旅行素材自体の創造が，従来の観光事業者だけでなく住民や農家などを巻き込みながら拡大し進められている．そこで観光ビジネスを専業としない関係者が観光客と一緒になっていく「共創」価値が重要になるが，それが本当に持続的になるにはどのような手法が適切なのか．具体的には，報酬のあり方や時間のかけ方，役割分担，人材育成などが検討すべき課題として挙げられる．

　3点目に，上記商品イノベーションにも関係するが，地域旅行ビジネスを社会関係性の経験をもとにした商品を企画販売するサプライヤーとして位置づけた時に，その果たすべき責任の明確化である．サプライヤーとして消費者に商品を提供するとしたら，法的な責任も含めて，商品に関する消費者に対する一切の責任を地域旅行ビジネスが負わなければならない．これは従来の旅行サービス企業，特に日本においては旅行業法の下でビジネスを行う旅行会社が，これまで社会関係性の経験を商品に取り入れることを躊躇してきたことの理由の一つにもなっている．たとえば牛飼いの散歩を商品として提供する際には，仮に旅行の当日，牛が突然に散歩を嫌がったとしても，サプライヤーは消費者に対してそのサービスが受けられるように担保しなければならない．工業製品のように安定的に提供することが難しい「社会関係性の経験」を法的責任や消費者保護の観点も含めてどのようにビジネスとして提供したらいいのか．これは日本においては，現行の旅行業法のありかたも含めて議論が必要となるだろう．

　4点目として，観光政策の推進役を担うDMOと地域旅行ビジネスとのパー

トナーとしての関係性のありかたについてである．仮に DMO が営利組織を志
向した際には，地域旅行ビジネスの機能の一部を含むこともありうる．DMO
が観光地マネジメントを進める際，DMO は観光の計画立案の主体なのか，そ
れともビジネスを自ら行うのか，ビジネスを行う場合にはその範囲はどこまで
なのか．または地域の事業を支援する立場に徹するのか．もちろん解決策は一
つではなく，地域特性や組織の性質なども加味した上での議論が必要となるが，
観光地の持続可能な発展や，観光地の競争優位を創出するための，DMO と地
域旅行ビジネスのパートナーシップの具体的なありかたについてさらに考察さ
れる必要がある．

　最後に，地域旅行ビジネス自体のイノベーションのありかたである．観光地
自体が動的に変化し発展していく中で，DMO との関係性のあり方も含めて地
域旅行ビジネスがアントレプレナーシップのもと自らのビジネスモデルをどの
ように刷新し変革しうるかどうか．観光地において，観光産業クラスターや
ツーリズム・エコシステムを形成するにあたり，地域旅行ビジネスがどのよう
に他のプレイヤーとの協業，共生し，どのような役割を果たしていくべきなの
か，地域の持続的な発展にどのように貢献ができるのかを明らかにする必要が
ある．

　今後の展望としては，観光立国の実現と地域の持続的な発展に貢献するため
に，地域旅行ビジネスについての研究をさらに発展させ，「地域旅行ビジネス
論」を観光研究における一つの研究領域として展開させていきたい．そのため
には，前述した研究課題を明らかにすることにより，本書で導き出した重層的
共創仮説を，地域旅行ビジネスを論述するための理論体系のもととなる原論に
まで議論を深めることが必要である．さらに，上述した研究課題だけでなく，
より学際的なアプローチによりさらに論考を進める必要もある．

　地域旅行ビジネスは地域を拠点としてビジネス活動を行う以上，紛れもなく
地域の産業，観光を担う，地域社会の一員である．地域の持続的な発展と観光

創造のために，関係者と共に歩み続ける存在である地域旅行ビジネスとなることに，本書が貢献できることを願う.

おわりに

　1998年7月30日，真夏の日差しが照り付ける暑い日だった．14時のすこし前，私は大阪府吹田市の万博記念公園にある，国立民族学博物館3階の梅棹資料室の前に，緊張しながら立っていた．扉の向こう側には梅棹忠夫先生がいらっしゃる．それまで梅棹先生とは面識はなく，大学時代にその著作で出会い私淑してきたにすぎない．しかし，旅行の仕事の傍らで進めていた研究のテーマである「観光と情報」について，どうしても直接お会いして話をお伺いしたいと考え，その旨を手紙にしたため送ると，見ず知らずの私にも快くお時間をいただけることになった．

　梅棹先生は1991年，「文明現象としての観光」というタイトルの基調講演において観光研究の重要性に触れられた．観光は娯楽としてとらえられ，真理探究につながる研究対象として考えられていなかったが，欧州ではすでに1920年代には観光研究がさかんになった．日本ではようやく1950年代にはじまり，最初はホテル経営など実用的な研究が中心であり，観光の研究組織が日本学術会議から学術団体とはみなされなかった．いまでは観光研究は世界的に学術分野として行われ，1988年には国際観光学アカデミーが創設され，人類学，地理学，経済学，心理学，政治学などによる学際的な研究も計画されたことなどを発表されていた（梅棹忠夫著作集（第21巻）都市と文化開発，pp.285-298）．

　面会は1時間くらいの予定かと考えていたが，結局2時間を超えた．話題は観光以外も含めて多岐にわたったが，そのなかで，梅棹先生は，旅行業は近代産業として確立していないのではないか，私にそのような問いを投げかけられた．私はそのとき，近代，そして近代的な産業，という意味について，あまりに無知であった．面会以降25年以上，ずっと私のビジネスおよび学術活動のなかで，〈旅行ビジネスの近代化とは何か〉，という問いは頭の片隅にずっと居座

り続けている.

　梅棹先生は，フィールドワークとオリジナリティをとても重視された．私は実務と研究という2つのフィールドを通じて，旅行ビジネスと地域とのつながり，という視点に思い至った．現代は，地域の持続可能な発展のための観光のあり方が，世界各地で模索されている．そのなかで，地域における旅行ビジネスが果たすべき役割は何であろうか．本書が提示した「地域旅行ビジネス論」はその研究成果の一部として執筆した．しかし，おそらく私は梅棹先生から投げかけられた問いに対して，十分な答えをまだ出せていない．

　博士学位論文が受理された2022年は，はからずも31年11箇月勤務した前職を退職した年であり，「卒業」論文のタイミングとなったが，それはもちろん，これまでお世話になった諸先輩がたや同僚のご指導なしにはなしえなかった．あまりに多くの方々にお世話になり一人一人には到底お礼を言うことはできないが，以下に記して感謝の気持ちを表したい（役職などは博士論文提出時のままとさせていただいた）．とくに本書のもとになった博士論文を進めるにあたり終始あたたかい激励を賜った北海道大学観光学高等研究センター 西山徳明教授に心から感謝の意を表したい．筆者が北海道大学国際広報メディア・観光学院博士後期課程に在籍中は，西山先生をはじめ，石森秀三 特別招聘教授，北海道大学観光学高等研究センター 臼井冬彦 客員教授，小樽商科大学大学院 内田純一教授，大阪府立大学 吉田順一教授に，研究活動に対してご理解ご指導をいただいた．

　北海道大学大学院国際広報メディア・観光学院の西山ゼミのみなさまには，札幌で，東京で，そしてコロナ禍におけるオンラインで多くの議論をいただき研究を深めることができた．

　山陰観光開発株式会社（隠岐旅工舎）八幡洋公氏，株式会社DMC沖縄 徳田博之氏には，会社を経営されご多忙のところ，快くインタビュー調査にご協力をいただいた．調査を通じて多くの示唆と気づきをいただいた．

　（一社）隠岐ユネスコ世界ジオパーク推進協議会（当時）鈴木一寛氏には隠岐の現地調査の際の各種手配調整で大変お世話になった．

　株式会社 JTB 相談役 松橋功氏には研究の初期構想の際に，ご多忙の中何度も面会のお時間をいただき，ご自身のご経験や会社の沿革などについてお話しいただいた．そしてイノベーションの視点からさまざまな議論を一緒にさせていただき多くの示唆を得ることができた．

　本書の構想は，株式会社 JTB 代表取締役社長執行役員 山北栄二郎氏をはじめ，32年間の企業勤務を通じて多くの諸先輩，同僚とのコミュニケーションからの示唆なしには生まれなかった．

　本書執筆出版は，晃洋書房編集部 山本博子さんのご理解とサポートなしにはなしえなかった．あらためて感謝申し上げる．

　最後に，研究や執筆活動，博士後期課程在籍時代には札幌出張滞在などでプライベートな時間を多く費やしたことを理解し，これまで私をあたたかく応援してくれた妻 智子に心から感謝したい．

　2023年9月

初秋のパリ，レ・ドゥマゴにて

小 林 裕 和

初出一覧

第3章　小林裕和（2022）「観光地域を拠点とした旅行サービス事業の概念整理——形成・発展史の検討による相対化を通じて——」,『観光研究』, 33(2), pp. 47-59
DOI　https://doi.org/10.18979/jitr.33.2_47

第4章　小林裕和（2022）「着地型観光の再解釈と地域観光企業——島根県　隠岐旅工舎を事例として——」『観光マネジメント・レビュー』, 2, pp. 2-11
DOI　https://doi.org/10.50984/jptmrvone.2.0_2

第5章　小林裕和（2022）「日本におけるDMCの起源とデスティネーション・マネジメント(株) DMC沖縄と沖縄MICE市場発展を事例として」『日本国際観光学会論文集』, 29, pp. 85-91
DOI　https://doi.org/10.24526/jafit.29.0_85

第1章，第2章，第6章，第7章は，博士学位論文提出時に書き下ろしたものである．

引用・参考文献

ADMEI（2021a）"What is a DMC?", https://www.admei.org, 2021年5月9日取得

ADMEI（2021b）Special Events: The DMC Evolution: From Ground Operator to Global Partner, https://www.specialevents.com/archive/dmc-evolution-ground-operator-global-partner, 2021年5月9日取得

荒井政治（1989）『レジャーの社会経済史』東洋経済新報社

有山輝雄（2002）『海外観光旅行の誕生』吉川弘文館

朝日新聞社（1990）『朝日新聞社史 明治編』朝日新聞社

浅井新介（2009）「Meeting Incentive Convention Exhibition〈MICE〉」『MICE Japan』株式会社MICE Japan, 10月号, pp. 11-16

浅井新介（2015）『MICEマイス・ビジネス入門』一般財団法人日本ホテル教育センター

米国法人日本交通公社インターナショナル（1984）『日本交通公社インターナショナル20年史 1964-1984』米国法人日本交通公社インターナショナル

Brendon, P.（1991）*150 Years of popular tourism,* Martin Secker & Warburg Ltd

Buhalis, D.（2001）"Tourism distribution channels: Practices and processes", *Tourism distribution channels: Practices, issues and transformations,* pp. 7-32

Buhalis, D. and Laws, E.（eds.）（2001）*Tourism distribution Channels,* London, Continuum

Buhalis, D., and Licata, M. C.（2002）"The future eTourism intermediaries" *Tourism management,* 23(3), pp. 207-220

中小企業庁編（2021）『2021年版中小企業白書・小規模企業白書』中小企業庁

Cloquet, I.（2013）"Looking into the overlooked: incoming tour operators and early tourism development in Gabon", *Current Issues in Tourism,* 16(7-8), pp. 647-663

Davidson, R.（2001）"Distribution channel analysis for business travel", *Tourism distribution channels: Practices, issues and transformations,* pp. 73-86

Davidson, R., and Cope, B.（2003）*Business travel: Conferences, incentive travel, exhibitions, corporate hospitality and corporate travel,* Pearson Education

De Bois, N.（2021）*The de Bois review: an independent review of Destination Management Organisations in England,* Department for Digital, Culture, Media & Sport

Flick, U.（1995）*Qualitative Forschung,* Rowohlt Taschenbuch Verlag GmbH, Reinbek bei Hamburg（フリック・ウヴェ, 小田博志（監訳）（2002）『質的研究入門──〈人間の科学〉のための方法論』, 春秋社）

深見聡・高木香織（2013）「九州北部豪雨における災害復興と着地型観光──福岡県八女市星野村を事例に」『地域環境研究：環境教育研究マネジメントセンター年報』, 5, pp. 27

-38

福岡卓（2008）「第 3 種旅行業の業務範囲の拡大と実務課題」『日本国際観光学会論文集』，
15, pp. 35-38

Go, F. M. and Williams, A. P.（1994）"Competing and Cooperating in the Changing
Tourism Channel System", *Journal of Travel & Tourism Marketing*, 2(2-3), pp. 229
-248

Goeldner, G. R. and Ritchie, B.（2006）*Tourism : principles, practices, philosophies
10ᵗʰed.*, John Wiley & Sons, Inc., Hoboken, New Jersey

長谷政弘編（1998）『観光学辞典』同文舘出版

林周二（1962）『流通革命　製品・経路および消費者』中央公論社（中公新書）

廣岡裕一（2003）「旅行あつ旋業法の制定と旅行業法への改正──1952年の制定と1971年の
改正」『政策科学』，11(1), pp. 119-131

廣田章光（2020）「地域生活・経済共生型観光プラットフォームのデザイン──SATOYA-
MA EXPERIENCE と「アクティベータ」──」『マーケティングジャーナル』，39(4),
pp. 7-19

本城靖之（1996）『トーマス・クック社の旅──近代ツーリズムの誕生』講談社（講談社現
代新書）

Hsu, A. Y. C. King, B., Wang, D., and Buhalis, D.（2016）"In-destination tour products
and the disrupted tourism industry: Progress and prospects", *Information Technol-
ogy & Tourism*, 16(4), pp. 413-433

Hsu, A. Y. C., King, B., Wang, D., and Buhalis, D.（2017）"Entrepreneurship in the Con-
temporary Tourism Ecosystem: the Case of Incoming Tour Operators in Taiwan".
In Schegg, R. & B. Stangl（eds.）（2017), *Information and Communication Technolo-
gies in Tourism*（pp. 101-113). Springer, Cham.

黄愛珍・石橋太郎・狩野美知子・大脇史恵（2019）「九州における観光による地域活性化に
関するヒアリング調査報告」『静岡大学経済研究』，24(1), pp. 25-42

今西珠美（2001）『旅行企業の国際経営』晃洋書房

一般社団法人隠岐ジオパーク推進機構（2022）「理事長挨拶」，http://www.oki-geopark.jp/
committee/greetings/, 2022年 4 月13日取得

石黒侑介（2019）「公民連携からとらえる「日本版 DMO」の課題と可能性」『アド・スタ
ディーズ』，68, pp. 10-17

石川周行編（1908）『世界一周画報』東京朝日新聞社

石崎祥之（2008）「ランドオペレーター経営の変化」『立命館経営学』，47(4), pp. 87-93

Jafari, J.（eds.）（2000）*Encyclopedia of Tourism*, London, Routledge

JTB 総合研究所（2022）「観光用語集　ランドオペレーター」，https://www.tourism.jp/
tourism-database/glossary/land-operator, 2022年 3 月 1 日取得

株式会社イベントサービス（2011）『インセンティブニュースレター』88号

株式会社日本交通公社欧州支配人室（1988）『JTBE 25年の歩み』株式会社日本交通公社欧州支配人室

株式会社トラベルジャーナル（1984）『トラベルジャーナル増刊　日本人の海外旅行20年1964～1983』，pp. 108-116

柿島あかね（2018）「インバウンドの増加と国内旅行業」『日本政策金融公庫論集』，38，pp. 49-60

観光庁（2020a）「観光地域づくり法人の登録制度に関するガイドライン　～観光地域づくり法人を核とする観光地域づくりに向けて～　一部改正　令和2年4月15日」，https://www.mlit.go.jp/kankocho/content/001340677.pdf，2021年4月12日取得

観光庁（2020b）「旅行業法の改正について」，https://www.mlit.go.jp/common/001208567.pdf，日本語，2021年5月9日取得

観光庁（2021）「MICE の誘致・開催の推進　1．MICE とは？」，https://www.mlit.go.jp/kankocho/shisaku/kokusai/mice.html#igi，2021年11月9日取得

観光庁（2022a）「観光地域づくり法人（DMO）とは？」，https://www.mlit.go.jp/kankocho/page04_000048.html，2022年3月9日取得

観光庁（2022b）「登録観光地域づくり法人「登録 DMO」の形成・確立計画」，https://www.mlit.go.jp/kankocho/page04_000078.html，2022年3月22日取得

観光庁（2022c）「平成18年度観光政策　第3章魅力ある観光地の形成に向けた取組　第1節観光地の魅力の向上1　総合的，広域的な観光地づくり支援　(2)地域観光マーケティング活動の促進」平成18年版観光白書，https://www.mlit.go.jp/npcc/hakusyo/npcc/2006/index.html，2022年3月22日取得

観光庁（2022d）「旅行業法　旅行業法における登録制度の概要　(2)旅行サービス手配業について　〔チラシ〕旅行サービス手配業（ランドオペレーター）の登録制度が始まります。」，https://www.mlit.go.jp/common/001226273.pdf，2022年4月11日取得

柏木千春（2020）「インバウンド観光ビジネスエコシステムの形成——ハワイにおけるツアーオペレーターの果たした役割——」『マーケティングジャーナル』，39(4)，pp. 30-41

河村甚（2010）「チームビルディングとは？」『MICE Japan』株式会社 MICE Japan，7月号，pp. 34-35

金承珠（2019）「観光による地方創生における「日本版 DMC」に関する一考察：株式会社くまもと DMC を事例に」『余暇ツーリズム学会誌』，6，pp. 21-29

金田一京助他編（1974）『新明解国語辞典第二版』三省堂

北川宗忠編著（2008）『観光・旅行用語辞典』ミネルヴァ書房

小林裕和（2005）「MICE 研究の意義と課題——観光研究の新たな領域として——」『日本観光研究学会第20回全国大会学術論文集』，pp. 233-236

小林裕和（2010）「旅行業における商品イノベーションを引き起こす旅行商品の特性について」『国際広報メディア・観光学ジャーナル』, 10, pp. 61-72

小林清（2010）「ツアーオペレーターの現状と課題」『観光産業と観光地の現場：経済社会の変化とその産業構造に与える影響：研究報告』, pp. 41-57

小林健（2009）『日本初の海外観光旅行――九六日間世界一周』春風社

小島大輔（2009）「カナダにおける日本人向け旅行業の展開過程」『地理学評論 Series A』, 82(6), pp. 604-617

国土交通省（2007）「観光立国推進基本法（平成十八年法律第百十七号）」

国土交通省総合政策局観光事業課（2007）『第3種旅行業務の範囲の拡大について――旅行商品新時代と国内旅行の活性化に向けて』国土交通省

国土交通省総合政策局旅行振興課（2005）『沖縄観光における外国人向け着地型旅行の充実化及び販売促進のための調査報告書』国土交通省

小松原尚（2006）「「着地型観光」と地域再生」『日本観光研究学会第21回全国大会論文集（2006年12月）』, pp. 17-20

Kotler, P., Bowen, J and Makens, J. (1999) *Marketing for Hospitality and Tourism 2/e.,* Prentice Hall International, Inc.

Law, R., Leung, R., Lo, A., Leung, D., and Fong, L. H. N. (2015) "Distribution channel in hospitality and tourism", *International Journal of Contemporary Hospitality Management,* 27(3), pp. 431-452

Lee, C. (2014) "The DMC Evolution: From Ground Operator to Global Partner", Special Events, https://www.specialevents.com/archive/dmc-evolution-ground-operator-global-partner, 2021年5月9日取得

Leiper, N. (1979) "The framework of tourism: Towards a definition of tourism, tourist, and the tourist industry", *Annals of tourism research,* 6(4), pp. 390-407

Leiper, N. (1992) "Whole tourism systems: interdisciplinary perspectives on structures, functions, environmental issues and management" Doctoral dissertation. Massey University.

Linnes, C., Itoga, H., Agrusa, J., and Lema, J. (2021) "Sustainable Tourism Empowered by Social Network Analysis to Gain a Competitive Edge at a Historic Site", *Tourism and Hospitality,* 2(4), pp. 332-346

London Convention Bureau (2021) "Top Destination Management Companies (DMCs)", https://conventionbureau.london/theme/destination-management-company 2021年11月8日取得

Löschburg, W. (1997) *Und Goethe War Nie In Griechenland: Kleine Kulturgeschichte des Reisens,* Gustav Kiepenheuer Verlag Gmbh, Leipzig（レシュブルク・ヴィンフリート, 林龍代・林健生（訳）（1999）『旅行の進化論』, 青弓社（青弓社ライブラリー））

Lumsdon, L.（1997）*Tourism Marketing*, Thomson

Magas, D. and Basan, L.（2007）"Tourism destination management company（DMC）: a central actor of a destination as a milieu", *Tourism and hospitality management*, 13（3）, pp. 615-626

McKercher, B. and Prideaux, B.（2020）*Tourism Theories, Concepts and Models*, Goodfellow Publishers Limited, Oxford

Mill, R. C. and Morrison, A. M.（1985）*The Tourism System: An Introductory Text*, Prentice Hall

真板昭夫・比田井和子・高梨洋一郎（2010）『日本型エコツーリズムとはなにか　宝探しから持続可能な地域づくりへ』学芸出版社

まち・ひと・しごと創生本部（2021）「2．地方とのつながりを築き，地方への新しいひとの流れをつくる」『まち・ひと・しごと創生基本方針 2021』，pp. 46-54

丸山隼（2020）「3　着地型観光構築に向けて：今後の活動に向けての問題意識と研究課題（Ⅱ　地域総合研究センター特別調査・研究員（松本市地域づくりインターン）活動報告）」『地域総合研究』，21（Part1），pp. 196-201

Mei, X. Y.（2014）"Revisiting the role of incoming tour operators（ITOs）: initial findings from Eastern Norway", *European Journal of Tourism Research*, 8, pp. 148-156

宮内順（2013）「着地型観光の課題と日本型 DMC の可能性」『東海大学福岡短期大学観光文化研究所所報』，17，pp. 29-34

望月徹（2020）「「着地型観光」における地域主体性に関する一考察について」『日本国際観光学会論文集』，27，pp. 133-142

森重昌之（2009）「着地型観光による地域づくりに必要な地域の条件」『Sauvage: 北海道大学大学院国際広報メディア・観光学院院生論集』，5，pp. 103-111

守屋邦彦（2019）「わが国と世界のビジネスミーティング／イベントに関する研究展開の比較」『日本国際観光学会論文集』，26，pp. 175-181

内閣府（2020）「【地方】地方移住への関心（東京圏在住者）」『第 2 回 新型コロナウイルス感染症の影響下における生活意識・行動の変化に関する調査』内閣府政策統括官（経済社会システム担当）

長沢伸也（2006）『老舗ブランド企業の経験価値創造──顧客との出会いのデザインマネジメント』同友館

中村宏（2006）「戦前における国際観光（外客誘致）政策──喜賓会，ジャパン・ツーリスト・ビューロー，国際観光局設置」『神戸学院法学』，36，2，pp. 361-387

日本海外ツアーオペレーター協会（1993）『日本海外ツアーオペレーター協会沿革史』日本海外ツアーオペレーター協会

西村幸夫（2016）「自治体は観光をどう受け止めるべきか」『「都市問題」公開講座ブックレット36　第42回「都市問題」公開講座　自治体と観光』後藤・安田記念東京と史研究

所，pp. 1-26

西山徳明（2017）「観光まちづくりのみらい　DM（デスティネーション・マネジメント）という都市計画の新たな課題」『都市計画』329，pp. 1-4

野澤一博（2020）『イノベーションの空間論』古今書院

小川功（2013）「松島回遊列車旅行を主催した"観光デザイナー"──和風旅館・洋式ホテル・駅弁・駅構内食堂・列車食堂等の総合経営者・大泉梅次郎を中心に──」『跡見学園女子大学マネジメント学部紀要』，16，pp. 1-26

尾家建生（2006）「着地型観光の発生起源とまちづくり」『日本観光研究学会第21回全国大会論文集（2006年12月）』，pp. 29-32

尾家建生・金井萬造（編）（2008）『これでわかる！　着地型観光──地域が主役のツーリズム』学芸出版社

沖縄県（2019）『令和元年観光要覧』沖縄県

沖縄 MICE ネットワーク（2021）「組織概要」https://www.okinawamicenetwork.jp/organization-overview/　2021年11月10日取得

大社充（2008）『体験交流型ツーリズムの手法──地域資源を活かす着地型観光』学芸出版社

大社充（2013）『地域プラットフォームによる観光まちづくり──マーケティングの導入と推進体制のマネジメント』学芸出版社

Pearce, D. G.（2009）"Tourism distribution: from structure to strategy". In Ateljevic J. and Page S. J.（2009）, *Tourism and Entrepreneurship: International Perspectives*, Routledge, pp. 313-334

Pearce, D. G.（2010）"Tourism distribution: a review and strategic research agenda", In Pearce and Butler R. W.（2010）, *Tourism Research: A 20-20 Vision*, Goodfellow Publishers, chapter 8

Price, C. H. and Becker, C.（2002）"International Meeting Management", *Convention tourism: International research and industry perspectives*, Psychology Press, pp. 119-136

Ryan, T., Mottiar, Z., and Quinn, B.（2012）"The dynamic role of entrepreneurs in destination development" *Tourism Planning & Development*, 9(2), pp. 119-131

才原清一郎（2015）「観光客視点からの着地型観光の課題の考察」『日本国際観光学会論文集』，22，pp. 21-27

佐藤千洋（2021）「旅行業における新たな収益源確保への模索：着地型観光商品の開発を事例として」『観光研究』，33(1)，pp. 41-48

佐藤善信（2015）『ケースで学ぶケーススタディ』同文舘出版

澤渡貞男（2009）『海外パッケージ旅行発展史』言視舎

社団法人日本経済調査協議会（2002）『国家的課題（ミッション）としての観光（ツーリズ

ム）——21世紀のわが国における使命と役割を考える——』社団法人日本経済調査協議会

Sheldon, P. J.（1994）"Incentive travel: insights into its consumers", *Journal of Travel & Tourism Marketing,* 3, 2, p. 20

島根県（2022）「隠岐島の概要」, https://www.pref.shimane.lg.jp/tourism/tourist/kankou/oki_shoukai/syoukai.html, 2022年4月13日取得

島根県隠岐支庁県民局（2019）『平成30年度隠岐諸島における今後の観光振興のあり方に関する検討（調査・分析）報告書 平成31年3月』島根県

清水苗穂子・海津ゆりえ・森重昌之・九里徳泰（2017）「地域主導型観光から見た日本の観光政策の変遷と推進組織の課題」『日本観光研究学会全国大会学術論文集』, 32, pp. 9-12

白幡洋三郎（1985a）「旅行の産業化——喜賓会からジャパン・ツーリスト・ビューローへ——」『技術と文明』, 2, 1, pp. 79-96

白幡洋三郎（1985b）「異人と外客 外客誘致団体『喜賓会』の活動について」吉田光邦編『一九世紀日本の情報と社会変動』京大人文科学研究所, pp. 113-137

Smith, G. V.（1990）"The growth of conferences and incentives", *Horwath Book of Tourism,* The Macmillan Press Ltd., pp. 66-75

Song, H., Liu, J., and Chen, G.（2013）"Tourism value chain governance: Review and prospects", *Journal of travel research,* 52(1), pp. 15-28

総務省（2018）『「田園回帰」に関する調査研究報告会』総務省地域力創造グループ過疎対策室

Spasić, V. and Pavlović, D.（2015）"The role of destination management companies（DMC）in improving competitiveness of Serbia as a tourism destination", *SITCON 2015-Singidunum International Tourism Conference,* pp. 23-28

Stankova, M.（2009）"The Role Of Destination Management Company Within The Market Realization Of A Tourism Destination", *Economics and Management,* Faculty of Economics, SOUTH-WEST UNIVERSITY "NEOFIT RILSKI", BLAGOEVGRAD, 5(4), pp. 63-69

菅沼明正（2015）「着地型観光への取り組みが持つコミュニティ構築機能の社会学的考察 熊本県水俣市の民間教育旅行機関による体験プログラム開発活動を事例として」『観光研究』, 26(2), pp. 95-105

鈴木清美（2015）「連載 業法改正の歩みとともに① 業法改正60余年の歴史を探る」,『JATA Communication』一般社団法人日本旅行業協会, p. 8

Swinglehurst, E.（1982）*Cook's Tours,* Blandford Press

高田剛司（2016）「着地型観光の地域定着を目指した持続的サイクルに関する考察」『日本観光研究学会第21回全国大会論文集（2006年12月）』, pp. 21-24

竹中道（2015）「ツアーオペレーターの多角経営と業界地図の変化」『日本国際観光学会論文集』，22，pp. 151-156

玉村和彦（2003）『パッケージ観光論　その英国と日本の比較研究』同文舘出版

The Canadian Association of Tour Operators（CATO）（2022）"About The Travel Industry", https://www.cato.ca/index.php, 2022年 4 月12日取得

Tran, M. T., Jeeva, A. S., and Pourabedin, Z.（2016）"Social network analysis in tourism services distribution channels", *Tourism Management Perspectives*, 18, 59-67

津山雅一・太田久雄（2000）『海外旅行マーケティング』同友館

内田純一（2014）「日本の観光地域はサービス・イノベーションを創出できるか：ディスティネーション管理論とサービス・イノベーション研究の統合に向けて」『「観光創造学を考える」研究会録』北海道大学観光学高等研究センター，pp. 165-182

上田卓爾（2010）「明治期を主とした「海外観光旅行」について」『名古屋外国語大学現代国際学部紀要』，6，pp. 41-70

Ujma, D.（2001）"Distribution channels for tourism: theory and issues", *Tourism distribution channels: Practices, issues and transformations*, pp. 33-52

Valeri, M., and Baggio, R.（2020）"Italian tourism intermediaries: A social network analysis exploration", *Current Issues in Tourism*, 24（9）, pp. 1270-1283

Valeri, M., and Baggio, R.（2021）"Increasing the efficiency of knowledge transfer in an Italian tourism system: a network approach", *Current Issues in Tourism*, pp. 1-16

World Travel & Tourism Council（2021）*Travel & Tourism Economic Impact 2021*

山田二久次・大山翔・松井隆宏（2016）「エコツアーの実施と地域の人々のつながり──三重県鳥羽市を事例とした社会ネットワーク分析──」『人間と環境』，42（2），pp. 5-17

山村高淑（2008）「観光情報革命時代のツーリズム（その 1 ）：観光情報革命論（序）」『北海道大学文化資源マネジメント論集』，1，pp. 1-10

安田雪（1994）「社会ネットワーク分析：その理論的背景と尺度」『行動計量学』，21（2），pp. 32-39

楊帥（2019）「訪日中国人旅行者におけるランドオペレーター機能と役割──旅行サービス手配業者を事例として──」『立教観光学研究紀要』，21，pp. 55-56

Yin, R. K.（2018）*Case Study Research and Applications Design and Methods Sixth Edition*, SAGE

米田晶（2015）「着地型観光研究の現状と課題」『経営戦略研究』，9，pp. 21-32

財団法人日本交通公社（1952）『四拾年の歩み　1912-1952』財団法人日本交通公社

財団法人日本交通公社（1962）『日本交通公社五十年史』財団法人日本交通公社

財団法人日本交通公社（1982）『日本交通公社七十年史』財団法人日本交通公社

Zhang, X., Song, H., and Huang, G. Q.（2009）"Tourism supply chain management: A new research agenda", *Tourism management*, 30（3）, pp. 345-358

Appendix 1
旅行業法　第二条

旅行業法（昭和二十七年法律第二百三十九号）

施行日：令和元年九月十四日

（令和元年法律第三十七号による改正）

（定義）

第二条　この法律で「旅行業」とは，報酬を得て，次に掲げる行為を行う事業
（専ら運送サービスを提供する者のため，旅行者に対する運送サービスの提供について，
代理して契約を締結する行為を行うものを除く.）をいう.

　一　旅行の目的地及び日程，旅行者が提供を受けることができる運送又は宿
　　泊のサービス（以下「運送等サービス」という.）の内容並びに旅行者が支払う
　　べき対価に関する事項を定めた旅行に関する計画を，旅行者の募集のため
　　にあらかじめ，又は旅行者からの依頼により作成するとともに，当該計画
　　に定める運送等サービスを旅行者に確実に提供するために必要と見込まれ
　　る運送等サービスの提供に係る契約を，自己の計算において，運送等サー
　　ビスを提供する者との間で締結する行為

　二　前号に掲げる行為に付随して，運送及び宿泊のサービス以外の旅行に関
　　するサービス（以下「運送等関連サービス」という.）を旅行者に確実に提供す
　　るために必要と見込まれる運送等関連サービスの提供に係る契約を，自己
　　の計算において，運送等関連サービスを提供する者との間で締結する行為

　三　旅行者のため，運送等サービスの提供を受けることについて，代理して
　　契約を締結し，媒介をし，又は取次ぎをする行為

　四　運送等サービスを提供する者のため，旅行者に対する運送等サービスの

提供について，代理して契約を締結し，又は媒介をする行為

　五　他人の経営する運送機関又は宿泊施設を利用して，旅行者に対して運送等サービスを提供する行為

　六　前三号に掲げる行為に付随して，旅行者のため，運送等関連サービスの提供を受けることについて，代理して契約を締結し，媒介をし，又は取次ぎをする行為

　七　第三号から第五号までに掲げる行為に付随して，運送等関連サービスを提供する者のため，旅行者に対する運送等関連サービスの提供について，代理して契約を締結し，又は媒介をする行為

　八　第一号及び第三号から第五号までに掲げる行為に付随して，旅行者の案内，旅券の受給のための行政庁等に対する手続の代行その他旅行者の便宜となるサービスを提供する行為

　九　旅行に関する相談に応ずる行為

2　この法律で「旅行業者代理業」とは，報酬を得て，旅行業を営む者のため前項第一号から第八号までに掲げる行為について代理して契約を締結する行為を行う事業をいう．

3　この法律で「旅行業務」とは，旅行業を営む者が取り扱う第一項各号に掲げる行為（第十四条の二第一項の規定により他の旅行業者を代理して企画旅行契約を締結する行為及び第三十四条第一項の規定により行う第六項に規定する行為を含む．）又は旅行業者代理業を営む者が取り扱う前項に規定する代理して契約を締結する行為をいう．

4　この法律で「企画旅行契約」とは，第一項第一号，第二号及び第八号（同項第一号に係る部分に限る．）に掲げる旅行業務の取扱いに関し，旅行業を営む者が旅行者と締結する契約をいう．

5　この法律で「手配旅行契約」とは，第一項第三号，第四号，第六号（同項第三号及び第四号に係る部分に限る．），第七号（同項第三号及び第四号に係る部分に限る．）及び第八号（同項第三号及び第四号に係る部分に限る．）に掲げる旅行業務の

取扱いに関し，旅行業を営む者が旅行者と締結する契約をいう．

6　この法律で「旅行サービス手配業」とは，報酬を得て，旅行業を営む者（外国の法令に準拠して外国において旅行業を営む者を含む．）のため，旅行者に対する運送等サービス又は運送等関連サービスの提供について，これらのサービスを提供する者との間で，代理して契約を締結し，媒介をし，又は取次ぎをする行為（取引の公正，旅行の安全及び旅行者の利便の確保に支障を及ぼすおそれがないものとして国土交通省令で定めるものを除く．）を行う事業をいう．

7　この法律で「旅行サービス手配業務」とは，旅行サービス手配業を営む者が取り扱う前項に規定する行為をいう．

Appendix 2
日本の法制面におけるランドオペレーターの定義について

　法律面からランドオペレーター（LO）の定義を確認すると以下のとおりである．

　まず旅行業法における，旅行会社と旅行者の間で交わされる旅行契約のモデルである標準旅行業約款においては次のように記載されている．

> 　当社は，募集型企画旅行契約の履行に当たって，手配の全部又は一部を本邦内又は本邦外の他の旅行業者，手配を業として行う者その他の補助者に代行させることがあります（標準旅行業約款募集型企画旅行契約の部　第4条）．

　この記載の中の「本邦内又は本邦外の他の旅行業者，手配を業として行う者その他の補助者」がLOにあたる．これはあくまで約款であり旅行業法ではない．その意味でLO事業自体は旅行業法の規制の外にあった．

　しかし2018年1月に旅行業法が改正施行され，「旅行サービス手配業」つまりLOが日本の法律上初めて定義された．すなわち以下のとおりである．

> 　この法律で「旅行サービス手配業」とは，報酬を得て，旅行業を営む者（外国の法令に準拠して外国において旅行業を営む者を含む．）のため，旅行者に対する運送等サービス又は運送等関連サービスの提供について，これらのサービスを提供する者との間で，代理して契約を締結し，媒介をし，又は取次ぎをする行為（取引の公正，旅行の安全及び旅行者の利便の確保に支障を及ぼすおそれがないものとして国土交通省令で定めるものを

除く.）を行う事業をいう（旅行業法第2条6）.

　旅行サービス手配業を営もうとする者は，観光庁長官の行う登録を
受けなければならない（旅行業法第23条）.

　この旅行業法改正によって日本で LO を営む事業者は事業を行うにあたり登
録が必要となった．しかしすこし複雑なことは，改正旅行業法の適用範囲は日
本で業務を行う LO の場合となり（観光庁 2022d），海外旅行における LO は適
用外となったことである．つまり訪日旅行において日本のサプライヤーを手配
する業務が対象であり，日本人向けの海外旅行を海外で LO として手配する業
務の場合には同法の適用は受けない．訪日旅行と海外旅行それぞれに LO とい
う業種が存在しているが，旅行業法の適用範囲は異なっているということにな
る.

Appendix 3

参考論文

本論文は，小林裕和（2010）の再録である．若干の加筆・修正を行ったが，内容は変更していない．ただし，注釈や引用・参考文献の記載方法は原文のとおり掲載誌に従った．そのため本書の本文とは表記方法が異なっている．

「旅行業における商品イノベーションを引き起こす旅行商品の特性について」

初出：『国際広報メディア・観光学ジャーナル』（北海道大学大学院国際広報メディア・観光学院），2010年，10巻，pp.61-72

Characteristics of A Package Tour Leading Product Innovation for Tour Operators

abstract

KOBAYASHI Hirokazu

The travel industry has contributed to the realization of mass tourism which means all people can travel around simply and easily since the 1940s. A package tour arranged by a tour operator includes some components as service offerings by suppliers such as transportation, accommodations, meal services, etc. It, however, does not provide a tourist with all of the experiences during tourism activities but only with tourism consumption. As a result, it has often been seen that package tours are standardized and the value of experiences of tourism can be possibly omitted due to its three characteristics: non-distribution, incompleteness and limit of package tour product development. Product innovation, driven through the process of making a package tour, must be expected because the travel industry can create the value of tourism by marketing its product.

📍 1 　はじめに

1.1 　研究の背景

　企業はそれぞれのビジネスモデルにより，独自の商品・サービスを通じて市場や顧客に価値を提供する．社会や市場が変化し，提供する価値が消費者に受け入れられなければ，企業は商品・サービスを新たに開発する必要がある．商品・サービスを開発するためには，斬新的な革新だけでなく，時代の変化に合わせて流通や組織などを破壊的に革新的に変えなければならないこともある．観光が大きく変化する中，観光の商品やサービス提供の一端を担う旅行業にとってもそのような状況は同じであり，そのために必要とされるのが旅行業におけるイノベーションである．ここでいうイノベーションは，技術の革新ではなく，シュムペーターによる，新結合についての5つの場合を指す[1]．またシュムペーターは，企業とは「新結合の遂行およびそれを経営体などに具体化したもの」と指摘している[2]．つまり企業にとってはそもそもイノベーションが不可欠であることを意味している．

　では旅行業におけるイノベーションが必要とされる背景，つまり観光がどのように変化し，それに伴い旅行業はどのように関わってきたか，概略をおさえておこう．

　海外においては1840年代以降，日本においては第2次世界大戦後，観光が大衆化（誰もが観光を経験できるようになること＝マスツーリズム）するなかで，旅行業の果たす役割は大きかった．特に1960年代以降，「第三次観光革命」（石森1996[3]）により，本格的なマスツーリズム時代が訪れる．日本においては1951年に旅行業法が施行され，旅行商品（パッケージツアー）が大量販売され，現代的な旅行業が本格的に発展していく．1963年には観光基本法が制定され，1970年3月には大阪万博開催，同7月にジャンボジェット機が就航し大量輸送時代が幕開け，同年は国鉄による「ディスカバー・ジャパン」キャンペーンも展開さ

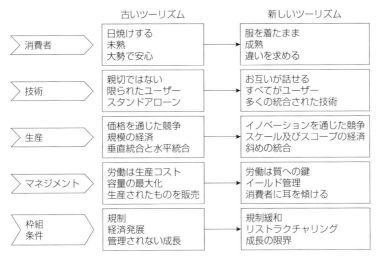

資料1　古いツーリズムと新しいツーリズムの比較

出所：Poon（1993）より筆者作成

れた．また，1964年には海外渡航が自由化され，1970年には数次旅券が発給され，海外旅行も本格的に大衆化が始まった．

　しかし経済の発展，社会の成熟とともに実現した世界的なツーリズムの量的な拡大は，環境，社会，経済に影響を与え，環境・社会問題を引き起こしてきた．1980年以降は，世界的な環境意識の高まりによって，マスツーリズムに対峙する形でオルタナティブツーリズム，サステナブルツーリズムといった新しいツーリズムが模索され始めた．

　そのような，観光におけるパラダイムシフトにも匹敵する大きな変化を「新しいツーリズム」と「古いツーリズム」としてまとめたのが Poon（1993）である[4]．成長の限界と新しいベストプラクティスという外部環境と，新しい消費者と新しい技術がツーリズムを形成する鍵となる力となると指摘し，「新しいツーリズム」「新しいツーリスト」の登場を指摘した．Poon は「古いツーリズム」と「新しいツーリズム」を以下のようにまとめている（**資料1**）．消費者，技術，生産，マネジメント，枠組・条件という5つの視点から，それぞれ古い

ツーリズム（Old tourism）から新しいツーリズム（New tourism）にどのように変化していくかを的確に表している．さらに Poon はマスツーリズムに貢献してきた旅行業が引き続きどのような価値を提供できるか，ということについて，ツアーオペレータの役割の変化も指摘している．旅行素材のパッケージングやリスクの仲介，流通といった，現在価値創造の主流となっている業務は，その重要性がコンピューター予約システムに取って代われると予測している．そして将来の重要な業務として，より柔軟なパッケージツアーの創造，情報機能の拡充，小売店との関係強化，商品の品質管理をあげている．

　1990年以降，欧州連合（EU）における EU 域内航空完全自由化や（1993年），サウスウエスト航空の成功，アジアにおける航空自由化などにより，格安航空会社が市場に台頭して来た．そのビジネスモデルではインターネットによる座席の予約販売を基本とする．消費者にとっては，大量販売により価格が下がるパッケージツアーを購入する以外に，安く旅行に行く選択肢がさらに広がった．

　2000年代には，情報技術の革新により，パッケージツアーの作り手が旅行会社から消費者にわたることとなった．インターネット上で旅行要素を自ら組み合わせて自動的にパッケージツアーを作ることができる「ダイナミックパッケージ」の登場である．旅行業法上は，システムを提供する旅行会社が商品提供者ではあるが，実質的には消費者は，旅行素材の提供者からシステム結合を通じて提供される商品を自由に選び組み合わせて実質的に自らパッケージツアーをつくることとなる．

　このように消費者の旅行素材の購買行動における自由度が高まるなかで，旅行要素をあらかじめ構成して提供するパッケージツアーは，そしてそれを企画し販売する旅行会社は，今後どのような価値を提供できるのか．これまで誰もが旅行にいけるような社会の実現を，パッケージツアーという商品の提供を通じて担ってきた旅行会社は，今や提供する商品の価値を問われ，その社会的意義が問われている．旅行業におけるイノベーションの必要性はまさにここにある．

1.2　先行研究と本研究の目的

　イノベーションに関する研究は，経営学を中心にその研究対象は多岐に渡る．観光研究におけるイノベーションの研究は，旅行業も包含した観光（tourism）という視点からなされてきた．

　イノベーションへの期待については，すでに1980年台初頭から観光研究者に見られる．[5] 先述した Poon（1993）[6] は，ツーリズムが大きく変革することを説明し，古いツーリズムと新しいツーリズムのコンセプトを明示すると同時に観光におけるイノベーションの必要性を指摘し，情報技術の活用と競争戦略を強調した．Hjalager（1997）[7] は，シュンペーターの「新結合」を応用し，持続可能な観光におけるイノベーションとして，商品のイノベーション，古典的なプロセスイノベーション，情報を取り扱うプロセスイノベーション，マネジメントイノベーション，組織のイノベーションの5つのタイプを提示した．

　さらに，2000年代に入ってからは，情報技術革新を背景としたビジネスモデルの変革に焦点が当たる．Hall and Williams（2008）[8] は，初めて観光におけるイノベーションを包括的に論じ，観光における様々な関係者の役割を理解するフレームワークを提示した．

　このような観光全体の動向を捉え，マクロな視点からイノベーションを論じたもののほかに，ミクロな視点，つまり企業レベルを研究対象としたものには，イノベーションを引き起こす「起業家精神（アントレプレナーシップ）」に焦点を当てた研究がある．[9]

　しかし，旅行業におけるイノベーションに焦点を当てて体系的に研究したものはいまだ見られない．すでに見たとおり，マスツーリズムの実現に貢献した旅行商品を提供してきた旅行業において，イノベーションによる新たな商品・サービスの開発は旅行会社の企業経営にとって喫緊の課題であり，学術面から理論的枠組みを提示し旅行業におけるイノベーションを支援することが求められる．そこで本論文では，旅行業におけるイノベーションとは何かを理論的に考察するための出発点として，旅行会社が扱う「旅行商品」の特性を明らかに

し，商品イノベーションを引き起こすための仮説提示を理論的に行うことを目的とする．

1.3 研究の方法

　本論文で研究対象とする「旅行商品」は，広義では旅行会社が提供する財・サービス全般をさす場合もあるが，特に断りのない限り「パッケージツアー」と同義で用い，「交通や宿泊などの旅行サービスをあらかじめ組み合わせて料金を設定している商品」と定義する．「旅行商品」は工業製品のように直接的に手にとることができないものである．それがゆえに，その特性を明らかにすることが，旅行業にとってのイノベーションを特徴的に描き出すために，最初に必要であると考えた．そのため商品を生み出す開発プロセスやそれを支える組織などのイノベーションまでは研究対象とはしなかった．

　本論文の構成と研究手法であるが，まず旅行商品が出現した当時の社会的背景を踏まえて，旅行商品の始原的な特性とそれが創出する価値を確認する（第2節1項）．商品は流通し普及することによって商品の価値が伝わるが，物理的なモノではない旅行商品は物流にのせることができない．モノと同じように流通を捕らえることができるのかどうか，工業製品の流通と比較することによって，その特性を明らかにする（第2節2項）．さらに流通した旅行商品それ自体は，旅行そのものの経験とは違っていることを，旅行商品に対するこれまでの解釈から明らかにし（第2節3項），そのため，商品開発においても限界があることを提示する（第2節4項）．第2章で旅行商品の特性に対する新たな解釈を仮説的に提示したことをうけて，第3章では，旅行商品の特性が，旅行業のイノベーションを引き起こす可能性について考察する．

2　旅行商品の特性

2.1　旅行業の価値創出と旅行商品

本論文で研究対象とする旅行商品は，日本においては旅行業法の下に登録された旅行会社のみが消費者に提供できる．Poon が新しいツーリズムを指摘した後，最近10年間の市場動向はどうであったか．日本における旅行業者の取扱額の推移を見てみよう．

旅行業者の取扱額は1998年度から2007年度の10年間は下落傾向にあり，総取扱額で11％落ち込んでいる（**資料２**）．この間，日本の人口は1998年126,472千人から2007年127,771千人と１ポイント増加している（ただし暦年）．取扱額は旅行業が提供する商品・サービスの対価であることを考えると，過去10年間，旅行業は総体的には徐々に消費者からの支持を失ってきているといえる．

では現在，旅行業が提供する商品の価値に対する支持が失われつつあるのだとすれば，いったい今後旅行業は，その商品・サービスを通じてどのように価値を創出すればいいのだろうか．それを考える上で，そもそも旅行業が提供する価値とはなんだろうか，ということを整理する．

楽しみとしての旅は，およそ有史以来行われてきた習慣であり，旅を〝斡旋

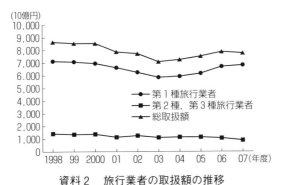

資料２　旅行業者の取扱額の推移

出所：日本旅行業協会ホームページより筆者作成

する"ことを業とする行為もまた同じように，昔から行われてきた．そのような状況から一歩抜け出し，旅行業が近代的な産業として確立されたのは，1840年代以降，イギリスにおけるトマス・クックの貢献といわれる[11]．彼が行ったことは，「パッケージツアー」をつくって販売したこと，つまり鉄道とガイドサービスを組み合わせてそれに価格を設定して販売したことである．

　その意味では，トマス・クックのビジネスモデルは，現在，日本の旅行業法が規定する旅行業の定義とそれほど変わらない．旅行業法は以下のように旅行業を定めている．

　「旅行の目的地及び日程，旅行者が提供を受けることができる運送又は宿泊のサービス（以下「運送等サービス」という．）の内容並びに旅行者が支払うべき対価に関する事項を定めた旅行に関する計画を，旅行者の募集のためにあらかじめ，又は旅行者からの依頼により作成するとともに，当該計画に定める運送等サービスを旅行者に確実に提供するために必要と見込まれる運送等サービスの提供に係る契約を，自己の計算において，運送等サービスを提供する者との間で締結する行為」（「旅行業法」第二条第1項）．ただし，トマス・クックでさえ，パッケージツアーや添乗員ツアーの発明者ではない．交通や食事を組み合わせて団体観光旅行を手配する「トラベルエージェント」は15世紀の終わりころにはすでに存在したといわれている[12]．ではなぜトマス・クックの旅行ビジネスが消費者に受け入れられたかといえば，当時の社会の要請が背景にある．1860年代は，石森（1996）は「第一次観光革命」の時代とし，ヨーロッパで「国内観光旅行の大衆化にともなって，富裕層階級のエリートたちが新しい観光旅行のあり方として好んで外国に出かけるようになった[13]．」．1811年頃には「ツーリズム」という言葉が使われ始め，1825年には世界で最初の鉄道が，イギリスのストックトン〜ダーリントン間で営業開始となった．トマス・クックの創造性は，料金体系などわかりにくかった鉄道による旅行を単純化し，旅行商品を企画販売し，より安価に提供することによって観光旅行の大衆化を実現したことであった．その意味で彼は近代旅行業の創出者とされる．その後大量販売により

旅行の大衆化を実現した旅行商品は，どのような特性を持つようになったのだろうか．

2.2　旅行商品は流通しない（「非流通性」）

　現在の旅行業が扱う商品・サービスは大きく分けて 2 つある．「単品」と「旅行商品」（「パッケージツアー」）である．

　「単品」とは，交通機関や宿泊機関など，旅行中に必要な「素材」であり（「旅行素材」と呼ばれる），旅行会社はそれらを提供する側の代理となって販売する．もちろん消費者は旅行会社からではなく，直接購入することも可能であるが，旅行会社は，購入の利便性を，店舗展開を図ることによって消費者に提供した．一方，パッケージツアーは，旅行会社の独自の企画により単品を創造的に組み合わせたものであり，独自の価格を設定して販売される．

　マスツーリズムを担ってきた大量生産・大量販売型の旅行商品は，工業製品と似たような手法により生み出されてきた．つまり交通機関や宿泊施設の座席や部屋（を使用する権利）を，消費者が直接購入する場合の価格よりも安く「仕入れ」，それらを組み合わせて「商品化」し，「流通」させた．旅行商品は使用する権利の組み合わせであるが，まさしくモノと同様に，「商品として」標準化され，流通されてきた．旅行業の機能は「流通」であるとの認識もある[14]．工業製品であれば，生産者と消費者は分離し，その間の物理的・時間的距離を商品が移動し流通するのであるが，しかしサービス業では，消費と生産が同じ場所で同時に行われ，消費者が自ら生産の一部になる，という特徴がある[15]．そのため工業製品と同じ意味では，旅行商品の消費と生産を分離し流通させる，ということができない．つまり，旅行商品はそもそも「流通しない」．そこで旅行商品が持つこのような特徴を旅行商品の「非流通性」と呼ぶ．これまでは工業製品の流通システムの考え方を持ち込み，旅行素材の提供者と消費者を仲立ちする中間機能としての旅行会社の役割を「流通」と称してきた．しかし「流通」といってもいったい何が流通しているのか．「流通」と称することにより，

旅行商品が価値として提供するものが何であるのかをかえって見えにくくして
きた.[16]

　旅行商品の非流通性により，旅行会社は旅行中に生産され消費される予定の
「経験」を販売することはできない．したがって，旅行商品の販売においては,

- 商品から機能価値を切り離して訴求する（この旅行商品はこんなスペックです）
- パンフレットなどで経験価値を表現する（この旅行商品はこんな経験ができそ
うです：できます，とはいえない）などの手法を開発し，その分野においての工夫
が行われてきた.

　たとえば，JTBロイヤルロード銀座のモデルプランには以下のような事例
がある.

> バルセロナでは，グエル公園やサグラダファミリア教会，グエル邸やカ
> サ・バトリョ，カサ・ミラなどのアントニオ・ガウディが手がけた数々
> の建築物やピカソ美術館などを巡り，『芸術の街』を感じていただくべく,
> ベテランのガイドと共に，専用車でご観光をご提案いたしました.

(http://www.jtb.co.jp/shop/royalroad/info/royal/model_plan/plan_spain.asp, 2009年9月23日取得)

　バルセロナを観光するために，ガイドと車を手配する，という内容に対して,
「芸術の街」を感じてもらう，という経験を示唆する文章で表現している．し
かし，旅行商品を紹介するパンフレットの物理的な紙面上の制約などにより,
すべての旅行商品がこのように表現されているものではない．そして，いかな
る表現を持っても，旅行先で経験できることを約束するものではなく，美術館
などの観光施設に行くことや，専用車に乗ることや，レストランの予約をして
そこで食事をする，ということを旅行商品は約束するのみである．旅行商品を
購入する瞬間において，なにか旅行中の価値が移転して実現するのでもない.

2.3　旅行商品は旅行経験のすべてを提供できない（「不完全性」）

　旅行に出れば，そのあいだにいろいろな経験をする．観光行動を一連の観光サービスを購入する連続的な行為と見ることもできるが，必ずしもサービスを消費することばかりではない．乾（2008）は旅行中における対価を伴わないで経験するサービスを「社交」と呼び，対価を伴う消費行動と区別している[17]．そして「社交」は旅行商品には含まれない．

　その意味において，旅行商品は旅行中の経験のすべてを提供するのではない．津山・太田（2000）は，「旅行商品とは，旅行者が目的にあった旅行を容易に実現できるよう，旅行業者が主体性をもって情報と人的サービスをアセンブルした総合旅行情報システム商品である」と定義している[18]．ところが具体的には，パッケージツアーについては，航空座席，ホテルの宿泊，空港とホテル間の往復の交通（トランスファー），食事，観光，添乗員（あるいは現地ガイド）といった素材の４つ以上を組み合わせたものとしている．さらに，旅行会社は，パンフレットなどの書類によって，「総合（旅行）情報サービス」を主体性を持って組み合わせているとし，消費者は，「この総合（旅行）情報システムによるサービスを購買することで大きな便宜を受け，そこに付加価値を見出している」と指摘している[19]．

　皆川（1988）は，旅行業において「商品」という概念が確立したのは，歴史的には比較的新しく，戦後，マスツーリズムが成立したころ以降としている．1951年「旅行あっ旋法」が改正され，旅行業者の責任と取引の適正化を図る「旅行業法」が施行された．「顧客の個々別々の要望に応じて宿泊施設や運輸機関をあっ旋した時代から，あらかじめ宿泊施設や運輸機関の客室や座席を大量に旅行業者が予約しておいて，パターン化した旅行をつくりあげ，これを顧客に販売するようになるに至って，「商品」という考え方が出てきたのである．」[20]

　ここにおいて，旅行素材の組み合わせである「旅行商品」と，旅行素材以外の旅行中の経験を含む総体である「旅行」とは違うにもかかわらず，それらが同一視されてきた経緯が見られる．つまり，旅行商品は，旅行中の経験のすべ

てを「商品」として提供できるわけではないのである．これを旅行商品の「不完全性」と呼ぶこととする．

　東（1996）は，観光商品は「観光客が自らの観光行動を実現し，完結させるにいたる過程において発生する欲求を満たすために，取引を通じて獲得する便益の束であるということができる．」「観光客の行動過程は，自らの観光行動を実現し，完結させるために必要な諸便益の連鎖的消費過程と見ることができる」としている[21]（傍点筆者）．さらに「観光商品は，観光客の欲求を満足させる便益の束ないし価値のパッケージである．それは，旅行商品であれ観光地であれ観光客の欲する諸便益がある様式において結合したものである」としている[22]．ここでは旅行商品も含んだ観光商品が「便益の束」とされており，観光が消費の連続的な行為であるとしていることが伺える．言い換えれば，旅行商品を消費される素材の連続とし，素材の組み合わせ（アセンブリ）を旅行会社が行い，消費者に提供する，という発想がみてとれる．それが消費者の便益であり，商品の価値となっているとの指摘である．しかし消費者にとっての観光は，旅行商品が提供する便益だけで成り立つのではない．旅行商品は，消費者が経験するであろう観光の「不完全な」一部でしかない．

2.4　旅行商品開発の限界（「限界性」）

　さらに旅行商品における商品開発とはなにかを考えてみよう．高橋（1992）は，旅行商品の開発について，有形の商品と同様な分類の仕方をおこない，開発の程度によって，根本的な新製品開発と，製品の改良を分けている．根本的な新商品開発とは，「市場にまだその旅行サービス製品が存在してないものを全く新規に開発すること」[23]をいい，具体的には新しい観光地やリゾート地の開発や万国博覧会のようなイベントなどを旅行商品に組み込んだ場合をさしている．一方旅行サービス製品の改良は，一部に手を加えることによって実現する．例えば，利用するホテルや交通機関の組み合わせを変更したり，日程を一部変更したりすることとしている．津山・太田（2000）は，旅行商品には「旅行の[24]

ハードウェア」として，6素材（航空座席，ホテル，トランスファー，食事，観光，添乗員・ガイド）をあげ，同時に「旅行のソフトウェア」が生み出す付加価値があると指摘する．「旅行のソフトウェア」とは，以下のようなものである．

　　人的サービスの提供組み合わせ
　　グレードの選択
　　社名，フライト，ルートの選択
　　最少催行人員

　ただし，これらは「旅行のハードウェア」に付随するものであり，ハードウェアが提供する価値として読み取れる．そして「旅行のハードウェア」はいずれも観光行動における消費活動であり，それは前もって購入することが出来る「素材」である．

　この段階は，佐藤（2008）が，ツーリズムの類型として第1類型とするなかに含まれる．第1類型とは名所旧跡をマスで見るハード・ツーリズムである．旅行商品は消費者がハード・ツーリズムを実現する場面において，価値を創出してきた．旅行商品が提供するものは，本質的には旅行素材とその組み合わせであり，観光の経験そのものではない．しかしこれまでの経済発展により観光そのものはすでに第2類型のツーリズム，つまり，着地側のローカルから「示す」ソフト・ツーリズムまで移行している．上記で見たように，現在は旅行商品の開発をする際に，ローカルから示す作業が抜け落ちる．つまり旅行商品の開発では，観光行動中に消費の対象とするものに限られることになる．これを旅行商品開発の「限界性」と呼ぶことにする．消費できる素材を開発することが，商品企画者の役割となるが，そこで企画者がどんなに創造性を発揮しても，デスティネーションにおける経験までを開発し提供することができない．これは旅行商品の「不完全性」にも関わっている．

📍 3 考 察

　観光の経験を，便益の消費行動の連続に簡略化し，標準化することが「旅行商品化」であるならば，その商品を購入することが，観光の経験のすべてを確約することにはならない．それらは旅行商品における，「非流通性」「不完全性」「開発の限界性」という特徴により理解できることを仮説的に提示した．

　これまで観光研究では，観光商品 tourism product と旅行商品 package tour とを分けて論じてきた．例えば Smith（1994）は，観光商品の基礎的な性質を研究してきた多くの研究者の成果から，「観光の経験」が，包括的な観光商品として存在すると仮説を立てた．そして理想的で包括的な旅行商品として以下の5つのレイヤーを持つモデルを描いた（**資料3**）[26]．

　「物理的な設備」PP（場所，自然資源，施設や設備（クルーズ船のような））
　「サービス」S
　「ホスピタリティ」H（サービスが提供されるスタイルや態度）

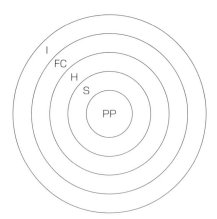

資料3　観光商品概念図
出所：Smith（1994）より筆者作成

「自由の質」FC（訪問客が旅行商品を消費する際の選択の自由度）

「関与」I（リラックスし，何の心配もせず，旅行経験に関わること）

　Smith の観光商品モデル（以下モデル）は，観光産業におけるコモディティ commodity として提示されており，観光の経験の基本的な構成要素として，サービスやホスピタリティなどを理解していることがわかる．Weiermair (2006) は，飽和した市場においては，消費者は旅行目的地における特定の商品よりも，「経験」を捜し求めており，したがって，観光における孤立した要素よりも，実りのある観光の経験を創造するためにイノベーションや商品開発を活用することの重要性が高まると指摘している．さらに経験を基にした休日の提案が休暇を決める主要な動機となるだろうと指摘し，イノベーションのための示唆としている[27]．

　このような観光商品と旅行商品の関係は，観光の経験を消費と社交に分けて考えれば，模式的に以下のとおり表すことができる（**資料4**）．観光は消費と社交のそれぞれの連続からなる経験であるが，観光商品のうち，観光の経験自体は流通せず，消費可能な素材のみが旅行商品としてとりこまれている．つまりモデルにおいては，旅行商品はモデルの中心に位置する PP の連続的な消費であると解釈でき，その総和としての価格のみに価値があるのだとしたら，すでにコモディティ化してしまっているといえる．

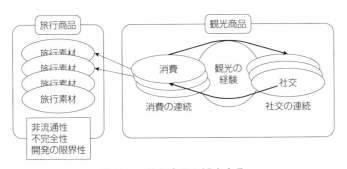

資料4　旅行商品と観光商品

出所：筆者作成

　さらに旅館や航空券のインターネットによる販売は，それらの旅行素材を
いっそうコモディティ化している．情報技術を活用した結果，「単品」の購買
行動の利便性は高まったが，そこには観光の経験を提供しようとする意図と戦
略性はない．しかしネット販売が消費者の支持が得られるのであれば，ビジネ
スとしては成立するし，結果として顧客価値を提供していることになる．マー
ケティングの視点から見れば，消費者が航空券を予約し購入するのは，航空券
を購入したいからではなく，航空券を手にすることによって観光の経験を手に
入れたいからである，と説明できる．しかるに観光の経験を手に入れようと
思って，旅行商品を購入しないで，「単品」を購入する理由は何か．それは旅
行商品の「不完全性」と，商品開発の「限界性」に起因するのではないだろう
か．そこでそれらの特性を打ち破り，旅行商品の価値を観光の経験の価値に昇
華させるイノベーションが求められる．そのためには，観光の経験をいかに消
費者に届けるか，といった，価値創出と価値伝達のシステムの考察が必要とな
る．「非流通性」を持った旅行商品をいかに「流通」させるか，という課題で
ある．それについては別の研究にゆずりたい．

　また，旅行業におけるイノベーションは，流通イノベーションなどほかにも
想定される．本論文は旅行業におけるイノベーション研究をより包括的に理解
するための第一歩とし，今回研究対象とした商品イノベーションの，旅行業の
イノベーション全体における位置づけは今後の課題としたい．

4　結　論

　本論文では，旅行業におけるイノベーションの必要性を論じ，旅行商品の３
つの特性を明らかにした．旅行商品はこれまで，誰もが旅行にいける社会を実
現するのに貢献したが，次に必要なイノベーションは，それによって旅行商品
が観光の経験を提供し，精神的に豊かな社会をつくる一端を担うことである．
そのためには，旅行商品がすでにみた３つの特徴を突破し，観光における消費

だけでなく経験することの価値を伝える媒体となることが必要である．既存の旅行商品の枠組みを何も変えなければ，この特性は保持されたままであるから，旅行商品の作り手やタイミング，作る場所などを変えるなど，イノベーションを引き起こすための手法が次に必要となる．それは今後の研究にて展開すべき課題としたい．本論文が旅行業における新たなイノベーションの足がかりとなることを願う．

参考文献

1 ）シュムペーター（1977）『経済理論の発展』岩波書店（岩波文庫），pp. 182-183

2 ）同上 pp. 198-199

3 ）石森秀三編（1996）『観光の20世紀』ドメス出版

4 ）Poon（1993）*Tourism, Technology and Competitive Strategies,* CAB INTERNA-TIONAL, pp. 3-18

5 ）Jafari, J.（1981）"Innovation in Tourism Research and Marketing", *Annals of Tourism Research,* 8, 4, p. 600

6 ）Poon（1993）Ibid.

7 ）Hjalager, A. M.（1997）"Innovation patterns in sustainable tourism an analytical typology", *Tourism Management,* 18, 1, pp. 35-41

8 ）Hall, C. M. and Williams, A. M.（2008）*Tourism and Innovation,* Routledge

9 ）Nybakk, E. and Hansen, E.（2008）"Entrepreneurial attitude, innovation and performance among Norwegian nature-based tourism enterprises", *Forest Policy and Economics,* 10, pp. 473-479

10）ピアーズ・ブレンドン（1995）『トマス・クック物語』中央公論社，pp. 23-27

11）同上

12）前掲書，pp. 24-25

13）石森秀三編（1996）前掲書，pp. 15-16

14）例えば2009年 9 月に開催されたエコツーリズムフォーラム（環境庁・社団法人日本旅行業協会主催）は，〈地域の取組から商品の流通へ「地域のエコツアー商品をいかにしてつくり流通させるか」〉をテーマとして開催された．

15）Kotler, P. et al.（1999）*Marketing For Hospitality And Tourism,* Second edition, Prentice Hall, p. 43

16）旅行商品がマスツーリズムを担う際に，工業製品を大量生産するビジネスモデルを参考にして進める際の悪影響については別途論じたい．一例を挙げれば，生産コストの

削減による生産性向上を論じるとき，サービス業のコストの多くが人件費であるため，人件費削減につながりやすく，結果として，従業員満足度や顧客満足度の向上につながらない，といったことも想定される．

17) 乾弘幸（2008）「観光行動プロセスにおける「社交」と「経験」」，第14回観光に関する研究論文，財団法人アジア太平洋観光交流センター，pp. 38 42

18) 津山雅一・太田久雄（2000）『海外旅行マーケティング』同友館，p. 46

19) 同上 p. 50

20) 皆川愼吾編（1988）『旅行業界』教育社（教育社新書），p. 106

21) 東徹（1996）「第7章 観光商品の企画」『観光マーケティング』（長谷政弘編），同文館，p. 82

22) 同上 p. 83

23) 高橋秀雄（1992）『サービス業の戦略的マーケティング』中央経済社，pp. 115-116

24) 津山雅一・太田久雄（2000）前掲書，pp. 48-50

25) 佐藤誠（2008）「美しい村とネオツーリズム」『大交流時代における観光創造』（北海道大学），p. 39

26) Smith, S. L. J.（1994）"The Tourism Product", *Annals of Tourism Research,* 21, 3, pp. 582-595

27) Weiermair, Klaus （2006）"Product Improvement Or Innovation: What Is The Key To Success In Tourism ?", *Innovation and Growth in Tourism,* OECD, p. 57

（2009年9月24日受理，2010年1月12日最終原稿受理）

索　　引

《著者紹介》

小林裕和（こばやし　ひろかず）

　　國學院大學観光まちづくり学部教授　博士（観光学）
　　相模女子大学専門職大学院社会起業研究科特任教授兼任

　　1966年生まれ．1990年東北大学理学部地理学科卒業．2017年北海道大学大学院国際広報
　　メディア・観光学院 観光創造専攻 博士後期課程単位取得後退学．
　　株式会社JTBにて経営企画，訪日旅行専門会社設立，グローバル戦略，新規事業開発
　　等を担当．香港（企画部門），オランダ（事業戦略，M & A，スペイン企業社外取締役等）
　　にて海外勤務．鉄道会社出向中は，宣伝，着地観光開発を担当．退職後，現職．

地域旅行ビジネス論

2024年2月29日　初版第1刷発行　　＊定価はカバーに
　　　　　　　　　　　　　　　　　　表示してあります

　　　　　　　　　著　者　　小　林　裕　和©

　　　　　　　　　発行者　　萩　原　淳　平

　　　　　　　　　印刷者　　江　戸　孝　典

　　　　発行所　株式会社　晃　洋　書　房

　　　〒615-0026　京都市右京区西院北矢掛町7番地
　　　　　　　　　　電話　075 (312) 0788番代
　　　　　　　　　　振替口座　01040-6-32280

装丁　吉野　綾　　　　　　印刷・製本　共同印刷工業㈱
　　　　　ISBN978-4-7710-3823-3